LA HAUTE-LOIRE

PRÉCIS D'HISTOIRE ET BIBLIOGRAPHIE HISTORIQUE

Vu :

Le Président de la Société,
(section de la Haute-Loire),

ALBAN,
Inspecteur d'Académie.

PUBLICATIONS DE LA SOCIÉTÉ DES ÉTUDES LOCALES   N° 5.
Section de la Haute-Loire

C. FABRE

ANCIEN DIRECTEUR DE L'ÉCOLE NORMALE D'INSTITUTEURS DE LA HAUTE-LOIRE
VICE-PRÉSIDENT DE LA SOCIÉTÉ DES ÉTUDES LOCALES

LA HAUTE-LOIRE

PRÉCIS D'HISTOIRE ET BIBLIOGRAPHIE HISTORIQUE

Elle publiera des Bibliographies critiques d'histoire.

(Statuts de la Société des Études locales.)

« Summa in affectu partes jure sibi usurpat terra quae genuit. (Sidoine Appollinaire, Epist. lib. III, ep. 3).

« La terre qui fut notre berceau prend, à juste titre, la première place dans nos affections. »

Illustrations et carte historique

LE PUY-EN-VELAY

IMPRIMERIE " LA HAUTE-LOIRE "

ANCIENNE IMPRIMERIE PEYRILLER, ROUCHON ET GAMON

1925

AVANT-PROPOS

Caractéristiques essentielles de l'histoire du département. Dispersion entre trois anciennes provinces ; erreurs commises, lacunes. — Nécessité d'une bibliographie qui permette de concentrer le sujet. — L'histoire locale illustre ici parfois admirablement l'histoire de la France. — Manière de l'enseigner.

Lorsque, au printemps de 1923, M. Millerand, président de la République, organisait le beau voyage qu'il devait faire en juillet suivant dans la Haute-Loire, il demanda à M. le préfet Périès, un *précis* très court, mais le plus substantiel possible, de l'histoire du département.

Ce précis ne pouvait pas être une des excellentes monographies qui avaient déjà été publiées, comme celle qui figure dans le guide de M. Boule, *La Haute-Loire et le Haut-Vivarais*, et qui est due à la plume si colorée et si élégante de M. L. Vissaguet. Cette monographie, comme toutes celles qui l'avaient précédée, se bornait à résumer l'histoire de l'ancien Velay, et laissait volontairement dans l'ombre la grande région de Brioude et les autres annexes du Gévaudan, du Vivarais et du Forez qui, par leur union avec le Velay en 1790, ont formé notre département.

D'autre part, la monographie de M. Vissaguet, quelque récente qu'elle fût, n'avait pas pu tenir compte de toutes les découvertes historiques qui ont été si fécondes depuis une quinzaine d'années.

Il fallait donc rédiger une monographie nouvelle, et M. Périès me fit l'honneur de me charger de ce soin.

Voilà la circonstance qui a fait naître le *précis* qui suit, et voilà aussi ce qui explique pourquoi ce précis se borne à un texte très concis d'une quarantaine de pages.

Ce peu d'étendue semble devoir enlever au travail toute valeur sérieuse. Arnaud, ne conduisant les annales du Velay que jusqu'à la Révolution, avait dû pourtant leur consacrer deux gros volumes ; et Mandet, reprenant la tâche, vingt-cinq ans après, sur un plan nouveau, avait élevé un monument plus considérable encore.

Cependant, notre précis ne devait pas seulement se borner à résumer ces longs et excellents ouvrages : il devait les corriger et même les compléter sur certains points, en s'inspirant des études souvent si érudites qui ont été poursuivies depuis 1870. Les corrections, signalées soigneusement dans le texte même ou dans les notes, donnent à Adhémar de Monteil un rôle plus précis et plus haut que celui que l'histoire lui accordait jusqu'ici ; elles font voir sous un jour plus équitable que dans Mandet, la « lutte pour la suzeraineté » entre les Polignac et les évêques du Puy au xiie siècle. Il a fallu aussi détruire la légende qui faisait proclamer roi Charles VII, à Espaly en 1422, et enfin donner à la trahison du connétable de Bourbon, en 1523, la place qu'elle doit avoir dans nos annales. Antoine de Chabannes, évêque et comte du Velay, conseiller, ami intime et parent du connétable, a été le complice du traître ; nous avons dû le dire franchement et montrer aussi que ce n'est pas Antoine de Chabannes, mais bien son successeur, François de Sarcus, qui reçut François Ier au Puy en juillet 1533.

Les études sur la langue d'*oc* et sur la littérature de cette langue, études qui, malgré les efforts de Mandet, datent réellement d'hier, nous ont fait écrire sur les lettres et les troubadours aux xiie et xiiie siècles, un chapitre entièrement nouveau. Elles nous ont dicté aussi quelques pages inédites concernant la famille Cardinal et le pape Clément IV.

Ainsi, si notre précis n'est qu'un résumé bien réduit de l'histoire du département, il présente néanmoins, dans son cadre étroit, quelques aperçus nouveaux sur notre beau passé, et peut être utile même à ceux qui sont déjà familiarisés avec ce passé. Il peut surtout servir de guide sûr à ceux qui entreprendraient d'étudier notre histoire, et leur éviter le danger de tomber dans des erreurs longtemps consacrées.

C'est ce qu'a pensé, dans sa grande bienveillance, le bureau de la Société des études locales, et c'est ce qui l'a induit à faire paraître la présente publication.

Mais ce bureau vit bien qu'un guide historique, tout laconique et sans notes ni justifications, ne pourrait pas servir à grand chose dans le fouillis d'annales dispersées dans plusieurs provinces et dans une foule d'ouvrages et de publications diverses. Aussi, me pria-t-il d'ajouter au récit des faits, l'indication des sources, si nombreuses, où j'avais puisé mes renseignements, et de dresser une *bibliographie*, élémentaire mais précise, de l'histoire du département.

Ce second travail a été des plus ingrats et fort pénible. Il ne pouvait qu'être très sec dans la forme et fort incomplet. Comment me serait-il venu à la pensée, en effet, d'indiquer, à propos de l'arrondissement de Brioude, toute la production historique de l'Auvergne, production à laquelle l'histoire de Brioude est intimement mêlée jusqu'à la Révolution, et parfois même, comme avec La Fayette, pendant la période contemporaine ? Je ne pouvais pas, non plus, à cause du canton de Saugues, signaler tous les ouvrages où se trouve racontée avec minutie la belle histoire du Gévaudan. Même en ce qui concerne le Velay, le cadre d'une étude tout élémentaire m'interdisait d'indiquer les travaux de pure érudition.

Le lecteur verra lui-même si j'ai rempli ma tâche avec assez de discernement : l'adjonction d'une *bibliographie* abondante et précise à un guide élémentaire est une œuvre toute nouvelle. Elle était pourtant d'autant plus nécessaire que la bibliographie historique du département n'a encore tenté aucun chercheur (1) ; elle est, d'ailleurs, si abondante et si dispersée

(1) L. Pascal a dressé une bibliographie générale de la Haute-Loire, mais n'a pas réuni dans un chapitre spécial toute la bibliographie historique. Son livre, resté incomplet, date, d'ailleurs, de vingt-cinq ans.

qu'elle peut effrayer les érudits les plus patients. Mon essai n'a qu'une ambition bien modeste, celle de signaler à ceux qui veulent étudier notre histoire, à quels ouvrages ils devront s'adresser pour mener à bien leur entreprise.

Parmi ces personnes, la circulaire ministérielle du 24 février 1911 classe forcément tous ceux qui ont à enseigner l'histoire dans nos écoles, et particulièrement les institutrices et les instituteurs qui, souvent isolés dans d'humbles localités dépourvues de bibliothèque, ne savent où puiser les éléments mêmes d'un enseignement qu'on les oblige à donner. On a dit à ces isolés, il est vrai : « Rédigez vous-mêmes une monographie communale qui sera le noyau de vos leçons d'histoire locale. » Mais il y a des communes qui n'ont pas d'histoire. Beaucoup n'ont qu'une histoire réduite à quelques faits épars, sans lien aucun avec ce qui est réellement l'histoire. Enfin, un hameau et une commune rurale ont peu vécu de leur vie propre, mais de celle de leur province, de leur département, de la France. C'est donc l'histoire de la province et du département, liée à celle de la France, qu'il faut présenter aux enfants, en se bornant d'ailleurs aux grandes pages et aux choses essentielles dignes de mémoire.

La Société des Études locales, fondée, d'après son titre même, pour « l'Enseignement public », a cru que mon précis pourrait être utile dans ce nouveau domaine. Ce précis lui a paru contenir tout ce qu'il est utile d'enseigner dans les écoles primaires. Il renferme, en effet, une douzaine de leçons qui correspondent aux chapitres de la brochure, et une douzaine de leçons c'est bien tout ce qu'on peut consacrer à l'histoire locale avec un cours moyen qui se prépare au certificat d'études.

Le bureau de la Société a vu, avec plaisir, que j'avais donné une bonne place aux biographies des grands hommes qui ont honoré le pays et personnifié au plus haut degré les qualités des ancêtres. Il faut, en effet, faire vivre les enfants avec les âmes les plus nobles du temps passé, et je n'hésite pas à dire qu'un manuel d'histoire locale pour les enfants doit être une espèce de *Plutarque* de la province ou du département. Que nos jeunes fils conversent avec un La Fayette Motier, un Yves d'Alègre, un Jourda de Vaux, même avec un Adhémar de Monteil ou un pape Clément IV, et leur âme se formera sur les meilleurs modèles. Et ces grands hommes ne sont pas seulement la gloire de la province, mais une partie de la gloire de la France. Les connaître, c'est donc pénétrer dans l'histoire même de la patrie et dans les meilleurs enseignements de cette histoire.

D'ailleurs, presque toutes les pages de l'histoire du département sont des illustrations de la grande histoire de la France. Adhémar de Monteil résume presque à lui seul la première croisade. La féodalité laïque ou seigneuriale a laissé sur nos côteaux, dans nos vallées, sur nos montagnes, des châteaux dont les ruines imposantes sont les témoins d'un régime social qui a duré mille ans ; et nulle part, ailleurs qu'ici, ce régime féodal n'a laissé des monuments aussi nombreux et aussi éloquents. Que dire de la féodalité ecclésiastique ? Elle fut aussi, pendant mille ans, la maîtresse du Velay, avec ses évêques-comtes, et son chapitre aristocratique ; elle fut aussi la maîtresse de Brioude avec ses chanoines-comtes, pourvus de seize quartiers de noblesse ; et, en Gévaudan, les évêques étaient comtes comme en Velay. Nulle part ailleurs encore, cette féo-dalité, que les manuels élémentaires ne signalent point par son nom, n'a fait sentir aussi bien qu'ici sa tyrannie si admirable-ment hiérarchisée, ainsi que ses bienfaits. Où trouver, hors de chez nous, pour l'histoire du mouvement des communes, un ensemble de preuves plus frappantes et plus instructives que la charte des franchises du Puy en 1218 et les chartes de Chapteuil, d'Auzon, de Roche-en-Régnier, d'Artias, de Saint-Didier, etc. ? Enfin, les guerres de religion ne forment-elles point dans tout le département un drame complet et saisissant qui résume dans toutes ses manifestations, parfois obscures et toujours horribles, hélas ! l'accès de fanatisme odieux qui ensanglanta la France pendant quarante ans ?

Sur toutes ces questions, donner un enseignement qui ne partirait pas de l'histoire locale, pour s'élever graduellement, comme disent les traités de pédagogie, « du connu à l'inconnu », ce serait vouloir négliger les illustrations, pour ainsi dire matérielles, qui rendent cet enseignement intelligible et vivant. Pour m'en tenir à un exemple, je ne comprendrais pas un maître qui, ayant à exposer les empiètements patients de la royauté capétienne dans les provinces les plus reculées et les plus modestes, ne commencerait pas par lire à ses élèves le traité de *paréage* que Philippe-le-Bel imposa à l'évêque du Puy en 1307.

Pour que mon *précis* réponde aux divers buts que je viens d'indiquer, c'est-à-dire puisse servir de premier guide : 1° aux fervents de l'histoire locale ; 2° aux maîtres qui enseigneront cette histoire ; 3° aux élèves qui devront y trouver la substance des leçons reçues, le bureau de la Société des Études locales a voulu qu'il fût séduisant dans sa forme même et abondamment illustré. Il a voulu aussi qu'il fût répandu à profusion et parût à quinze cents exemplaires.

Je lui suis profondément reconnaissant de ce témoignage de confiance, et je n'ai qu'une crainte, celle de n'être pas parvenu, malgré tous mes efforts, à m'en rendre digne.

C. FABRE.

Le Puy, le 4 février 1925.

LA HAUTE-LOIRE

Période gauloise et gallo-romaine (jusqu'en 475).

La découverte de l'homme fossile du Mont Denise (1), aux portes du Puy, a démontré que la région était habitée dès la période *quaternaire*, et que nos plus lointains ancêtres furent témoins des éruptions volcaniques qui donnèrent leur relief définitif et si tourmenté aux régions du massif central.

Néanmoins, malgré de nombreuses études très méritoires, la période préhistorique n'a pas encore été décrite dans son ensemble pour la région de la Haute-Loire (2). L'anthropologie, de son côté, n'a pu nettement déterminer les éléments qui ont formé la population du département. Elle a constaté partout l'existence du type *celto-ligure*, de taille moyenne, généralement brun. Les modifications que ce type a subies

(1) Boule, *La Haute-Loire et le Haut-Vivarais. Guide du touriste*, etc. Paris, Masson, 1911, pp. 14; 81-84.

(2) Boule, *La Haute-Loire et le Haut-Vivarais, Guide du touriste*, etc. Anthropologie, pp. 75-87, avec une bibliographie assez abondante.

sont dues aux influences géographiques, qui sont ici si importantes et si variées.

A l'époque de la Gaule indépendante, le pays était déjà fort peuplé ; le nombre des noms de lieu d'origine celtique, *Brives, Brioude, Goudet,* auxquels il faut joindre toute la liste de ceux que les Romains ont terminés en *iacus* ou *acus* (aujourd'hui, *ac, as, at, eaux*) Langeac, Polignac, Solignac, Yssingeaux, le prouve surabondamment (1). D'ailleurs, quelques restes de monuments druidiques, *dolmens* ou *menhirs* se trouvent dans toute la région et l'un d'eux est célèbre : c'est la *pierre des fièvres* à la cathédrale (2).

Au sixième siècle avant Jésus-Christ, cette population était déjà à l'étroit sur ses terres, et des mouvements d'émigration se produisaient. Tite-Live mentionne les *Arvernes* parmi les Gaulois qui franchirent les Alpes, s'établirent dans la Gaule Cisalpine et s'emparèrent un instant de Rome. Au II° siècle, les *Arvernes* s'opposèrent à l'invasion des Romains dans la vallée du Rhône, s'unirent aux Allobroges et rangèrent sous le commandement de leur roi *Bituit* la plupart des peuples de la Gaule chevelue. Mais le consul Fabius Maximus leur infligea une sanglante défaite en 121 et les repoussa dans leurs montagnes. Il n'en restèrent pas moins les ennemis des envahisseurs, et, en 60, ils infligèrent un châtiment mérité aux Eduens (3).

Mais César arrivait en Gaule deux ans après. En vain, les *Arvernes*, secondés par leurs confédérés, les *Vellaves*, les *Gabales* (4),

(1) A. Chassaing et A. Jacotin, *Dictionnaire topographique du département de la Haute-Loire.* Introduction, pp. IV et V.

(2) Boule, *La Haute-Loire et le Haut-Vivarais, Guide du Touriste,* etc. Anthropologie, p. 79.

(3) Ces renseignements sur la Gaule indépendante et puisés dans Tite-Live et César, ont été fidèlement résumés par A. Jacotin, dans le *Dictionnaire topographique de la Haute-Loire.* Introduction, pp. VIII (Velay), XI (Auvergne), XIV (Gévaudan).

(4) Cette confédération des Vellaves et des Gabales avec les Arvernes est indiquée par un passage des *Commentaires de César,* éd. Dubner, imprimerie impériale, 1867, t. I, pp. 269-71) : « *parem numerum Arvernis, adjunctis Gabalis, Vellaviis, qui sub imperio Arvernorum esse consuerunt ...* ». — Le passage a été relevé par Ch. Rocher dans *les Vieilles histoires de Notre-Dame du Puy.* Le Puy, Marchessou, 1890, p. 383.

et même les *Helviens* (1), essayèrent-ils une résistance héroïque autour de Vercingétorix. *Avaricum* succomba, puis *Gergovia*, et la reddition d'*Alesia* marqua la fin de l'indépendance gauloise. La confédération des Arvernes fut dissoute, et, après la mort d'Auguste, la région démembrée et divisée en *cités* (2). La *civitas Arvernorum*, dont Brioude faisait partie, fut rattachée à la première Aquitaine, c'est-à-dire à Bourges ; la *civitas Gaballitanum* et la *civitas Vellavorum* eurent le même sort (3), mais leur autonomie est prouvée par la frappe de monnaies spéciales dues en Velay à *Vergasi Velaunus*.

Ces cités furent d'abord *tributaires* (*stipendiaria*) (4), et c'est cette situation que constate, au deuxième siècle de notre ère, la table de Ptolémée en mentionnant le nom grec de Ρουεσσιον qu'elle donne à *Revessio* (aujourd'hui Saint-Paulien) (5). Toutefois, la domination romaine s'adoucit peu à peu, et, au milieu du troisième siècle, la cité vellave devient libre (*civitas Vellavorum libera* (6). C'est, du moins, ce qu'on peut constater par trois inscriptions signalant un préfet de la colonie (*Praefectus coloniae*) et deux impératrices, *Etruscilla* et *Tranquillina* (7).

---

(1) Les *Helviens* (*Helvii*) étaient les habitants du Vivarais à l'époque gallo-romaine.

(2) La dissolution de la confédération est signalée par Strabon, en l'an 20 après J.-C. *Gentes porro inter Garumnam et Ligerim Aquitanis adjacentes sunt Elvi a Rhodano initium sumentes et Vellaunii, qui olim Arvernis adscribebantur, nunc pro se civitatem constituunt*. (Ch. Rocher, *Les Vieilles histoires de Notre-Dame du Puy*, p. 384).

(3) Ce rattachement à la première Aquitaine est indiqué dans les *Historiens des Gaules et de la France*, éd. L. Delisle, II, pp. 3, 8 et 11. Ch. Rocher l'a indiqué dans les *Vieilles histoires de Notre-Dame du Puy*, pp. 364-65 et 388.

(4) Ch. Rocher, *Les Vieilles histoires de N.-D.*, p. 388.

(5) Ibid., *Les Vieilles Histoires de N.-D.*, p. 365.

(6) Ibid., *Les Vieilles Histoires de N.-D.*, p. 404.

(7) L'Inscription *Præfectus Coloniæ* se trouve dans les murs de la cathédrale du Puy ; celle de *Etruscilla* à La Voûte-sur-Loire ; celle de *Tranquillina*, à Saint-Paulien. Ch. Rocher, dans son livre des *Vieilles histoires*, etc., a exposé, avec documents, tout ce qu'on peut savoir sur la période romaine, chapitre intitulé : Géographie, gouvernement et administration du Velay gaulois et gallo-romain, pp. 382 et suivantes. — Il y a lieu de consulter aussi, U. Rouchon, *Le Velay gallo-romain et sa capitale Rouessio* (*Publications de la Société des études locales*, nº 2, 1922).

Nous ne savons rien, malheureusement, des relations des cités avec le centre de l'Empire ; et pourtant, ici, comme dans toute la Gaule, l'époque romaine a vu s'accomplir des révolutions considérables, très lentes, d'ailleurs, qui ont incontestablement motivé souvent l'intervention du pouvoir central.

La plus importante de ces révolutions fut la conversion des Gaulois au christianisme. Pour le Velay, une histoire toute légendaire existe, qui a été écrite au xv⁵ siècle et dédiée à Charlotte de Savoie, reine de France et femme de Louis XI, au moment où cette princesse se disposait à venir en pèlerinage au Puy. Cette histoire prétendait que la région de *Revessio*, en particulier, avait été évangélisée par saint Georges et saint Front, du temps même de saint Pierre. Saint Georges, premier évêque du Velay, serait même venu sur le Mont-Anis, et aurait, sur des indications miraculeuses, choisi, au moment de sa mort, l'emplacement de notre cathédrale. Celle-ci aurait été construite dès le iii⁵ siècle par saint Vosy, aidé de saint Scutaire, et enfin, deux siècles plus tard, un roi de France, qui serait Clovis, aurait apporté ici la *Vierge noire*, que lui avait gracieusement cédée un soudan de Babylone ! L'empire des khalifes de Bagdad aurait donc existé avant l'*hégire* (622) (1) !

(1) L'histoire légendaire de la fondation de Notre-Dame du Puy a donné lieu, comme toutes les questions controversées, à une foule d'études, si bien que la bibliographie en est considérable. Une première version connue remonte à 1469 et 1470 et se trouve, en français du temps, dans le manuscrit n° 8002 de la bibliothèque nationale de Paris. Elle est dédiée à la reine Charlotte de Savoie, femme de Louis XI, au moment où cette princesse devait venir en pèlerinage au Puy. On croit que le manuscrit est dû à Pierre Odin, alors chanoine et official du Puy. Mais la légende existait antérieurement dans des textes latins qu'Odin aurait traduits. (Voir note de A. Chassaing dans son édition des *Chroniques de Médicis*, I, p. 17). Ces premières légendes ont été en partie copiées par Médicis (I, pp. 7-30). Médicis a aussi inséré dans son livre (pp. 56-62). le récit de la translation des cendres de saint Georges de Saint-Paulien au Puy, et, en note, A. Chassaing a indiqué que le document relatant cette translation avait été produit dans un procès de 1428.

En 1512, Claude Dolezon, bourgeois du Puy, reproduit la légende dans un long *mystère* bilingue (en français et en langue d'*oc*) qui fut joué sur la place du *For*, devant la porte de la cathédrale. Médicis a poussé la patience jusqu'à copier littéralement cette œuvre de théâtre (éd. Chassaing, t. II, pp. 369-599). Mais cette œuvre nouvelle est peu connue, et Chassaing lui-même ne l'a com-

Ces gracieuses légendes ont fait leur temps; mais il faut retenir que le Velay embrassa la religion nouvelle dès le début du IVe siècle, et que les persécutions de Dioclétien eurent un écho dans la région et jusqu'à Brioude, où le souvenir du martyre de saint Julien (304) fit fonder de bonne heure un temple élevé à sa mémoire (1).

mentée ni au point de vue historique, ni au point de vue littéraire. Elle ne méritait pas ce dédain, et il serait bon d'en faire ressortir la beauté et surtout de remarquer qu'elle poétisait des croyances très fermement ancrées encore dans l'esprit de nos pères au XVIe siècle.

En 1519, Mathurin des Roys, prêtre de Montfaucon (Velay), rédige une relation entremêlée de poèmes, assez semblable à celle de Pierre Odin. Elle est imprimée à Lyon en 1523.

En 1616, paraît à Lyon une nouvelle version due à Théodose de Bergame, un moine italien, qui était venu au Puy fonder un couvent de capucins et mourut à Ambert, en 1625.

Depuis, presque tous les historiens locaux ont reproduit ou étudié ces légendes. Odo de Gissey, dans son excellente *Histoire de N.-D. du Puy* (éd. de 1620), leur consacre les chap. III-IX de son livre. Le Frère Théodore, *Histoire évangélique de N.-D. du Puy*, 1693, Le Puy, les expose aux chap. II à VII. La *Gallia Christiana nova* (1720), t. II, *Ecclesia Aniciensis*, les reproduit, par les soins de dom Boyer, et surtout d'après Odo de Gissey. Cependant, Arnaud, *Histoire du Velay* (1816) a cru devoir les rejeter (t. I, pp. 36-37 et t. II, note III, pp. 389-95). Francisque Mandet, *Histoire du Velay* (t. II (1860), pp. 12-28) les étudie longuement, mais en les qualifiant de légendes. En 1877, le Père Matharan tente de réhabiliter les *traditions chrétiennes* sur *saint Georges*, Le Puy, Freydier. — Enfin, Ch. Rocher, *Les Vieilles histoires de Notre-Dame du Puy*, Le Puy, Marchessou, 1890, se livre à une étude critique remarquable en rééditant très soigneusement Odin, Mathurin des Roys et Théodose de Bergame. Il admet la possibilité de l'évangélisation du Velay dès le temps de saint Pierre. Depuis, M. Langlade (*Les Villes d'Art célèbres. Le Puy et le Velay*, Paris, Laurens, 1921) a redonné aux vieilles traditions leur caractère de « légendes ». Et l'Église elle-même considère aujourd'hui comme légende l'évangélisation du Velay dès le premier siècle : le récent éditeur de Mathurin des Roys, M. l'abbé André Pascal, *Histoire de Notre-Dame du Puy-en-Velay de Mathurin des Roys*, réimpression en fac-similé, 125, boulevard Saint-Germain, Paris, 1921) écrit que son auteur « fixe par écrit la tradition *orale* de son temps ».

(1) . La construction du sanctuaire de Saint-Julien est signalée par Grégoire de Tours (*Historiens des Gaules et de la France*, éd. L. Delisle, t. II, p. 397). Elle remontait à l'an 467 : *Eoricus, Gothorum Rex, decimo quarto regni sui anno, Ecclesiam sancti Juliani columnis ornatam mirificè construxit.* Cf. *Congrès archéologique au Puy*, 1904. Saint Avit aurait été enseveli dès 456,

6   C. FABRE

Le christianisme contribua, plus encore que la conquête et l'administration romaines, à répandre la langue latine, et toutes les inscriptions qui nous sont restées de l'époque gallo-romaine sont gravées dans la langue des vainqueurs. Ces inscriptions et quelques fragments d'architecture et de sculpture sont, d'ailleurs, tout ce qui nous est parvenu. Leur étude a donné lieu à bien des interprétations contradictoires. Toutefois, ces vestiges vénérables ont été en partie concentrés au musée du Puy et pieusement reproduits par le commandant Espérandieu (1).

Une grande voie romaine, la *via Bolena*, traversait du nord-est au sud-ouest la civitas Vellavorum et conduisait de Lyon à Toulouse. On en a retrouvé des tronçons, surtout en construisant nos chemins de fer modernes. Des restes d'autres voies montrent *Revessio* en relations avec Clermont ou la vallée de la Loire (2).

Période wisigothe et franque (475-877).

La chute de l'empire romain d'Occident laissait intacte l'organisation territoriale des *cités*. Les Burgondes occupèrent un instant Brioude (3), mais les Vellaves les repoussèrent, puis,

au pied de la basilique de saint Julien : *ad brivatensem vicum. (Hist. des Gaules*, etc. II, 168). Cf. Auguste Casati, *Brioude et l'église de Saint-Julien*, Brioude, 1906, pp. 7-8.

(1) Emile Espérandieu, *Recueil général des Bas-reliefs de la Gaule romaine*, t. II, *Aquitaine*, Paris, Imprimerie nationale, 1908, pp. 419-444. — Cf. U. Rouchon, *Rouessio (Publications de la Société des études locales de la Haute-Loire*, 1922).

(2) Voir Rocher, *Les Vieilles Histoires*, etc., pp. 364-367, qui donne des extraits d'Ernest Desjardins : *Géographie administrative de la Gaule, d'après la table de Peutinger*, Paris, Hachette, 1869, 302-306. V. aussi Boule, *La Haute-Loire et le Haut-Vivarais, guide du touriste*, etc. Paris, Masson, 1911, p. 80.

(3) Ch. Rocher, *Les Vieilles Histoires*, etc., pp. 452 ; 467-70. — A. Chassaing et A. Jacotin, *Dictionnaire topographique de la Haute-Loire*. Introduction, p. IX.

en 475, l'Auvergne, le Velay et le Gévaudan passèrent sous la domination des Wisigoths (1). Celle-ci ne fut qu'éphémère, malgré son éclat, et, en 507, après la bataille de Vouillé, les Francs s'emparèrent du pays. Quand la monarchie de Clovis fut partagée entre ses enfants, la région fut comprise dans le royaume d'Austrasie, qui échut à Thierry Ier (2). Elle resta austrasienne pendant deux siècles, jusqu'en 717 (3). A ce moment, Eudes, duc de l'Aquitaine neustrienne de Toulouse, s'en saisit et la légua à ses successeurs qui en furent les maîtres pendant soixante et onze ans, jusqu'en 888 (4).

Les documents historiques sont très peu nombreux sur cette période obscure. Cependant, en 467, Euric, roi des Wisigoths, construisait « magnifiquement » une première église en l'honneur du martyr saint Julien, à Brioude (5). En 591, *Aurélius*, déjà évêque d'*Anicium*, et non plus de *Revessio*, arrêtait et faisait mettre à mort un imposteur qui s'était fait adorer au nom du Christ dans la Provence, le Gévaudan et enfin dans le Velay (*Vellaviae urbis*), dit Grégoire de Tours. Ainsi, si réellement un premier siège de l'évêché avait été érigé à Revessio, on peut penser que ce siège avait été transféré à *Anicium* (Le Puy) au vi^e siècle (6).

(1) Ch. Rocher, *Les Vieilles histoires*, etc., pp. 448-455, d'après Sidoine Apollinaire, évêque contemporain de Clermont, et Grégoire de Tours.

(2) Pour le passage de la région sous la domination franque, voir encore Ch. Rocher, *Vieilles Histoires*, pp. 456-463 : « Au vi^e siècle, d'après Grégoire de Tours ».

(3) Sous la domination austrasienne, Arvernes et Vellaves eurent parfois à prendre part aux luttes des descendants de Clovis : en 583, ils soutinrent la cause de Childebert : *Arverni et Vellavi Childeberto parebant*. G. de Tours, *Historiens des Gaules et de la France*, II, pp. 279.

(4) Arnaud, *Hist. du Velay*, 1, 45, expose la carrière d'Eudes, duc d'Aquitaine et de ses successeurs, mais sans relever de fait important concernant spécialement l'Auvergne ou le Velay. V. aussi A. Chassaing et A. Jacotin, *Dictionnaire topographique*, introduction.

(5) Pour la construction de Saint-Julien de Brioude en 467, voir ci-dessus la note 1 de la page 5 : *Eoricus, Gothorum Rex, decimo quarto regni sui anno, Ecclesiam sancti Juliani columnis ornatam munificè construxit*.

(6) La lutte d'*Aurélius* et de l'imposteur a été racontée par Grégoire de Tours. *Historiens des Gaules et de la France*, II, p. 380. — Ch. Rocher, *Les Vieilles histoires*, etc., pp. 477-502.

Pépin le Bref reconquit une partie de l'Aquitaine, et notamment la région qui nous occupe (1). Mais les aspirations du Midi à l'indépendance firent créer par Charlemagne lui-même un royaume d'Aquitaine qui fut gouverné successivement par Louis-le-Pieux, Pépin II et Louis-le-Bègue. Mais celui-ci ramena ce royaume à la monarchie centrale en 877 (2).

Le traité de Verdun (843) avait séparé profondément le Velay de la région lyonnaise et du Forez, qui échurent à Lothaire, puis aux rois de Bourgogne. Et l'est du département actuel se trouva ainsi lié aux destinées du royaume bourguignon pendant deux cents ans. Les actes concernant Aurec et la région voisine de Rochebaron et d'Apinhac seront passés jusqu'en 1032 au nom des monarques de ce royaume qui passera alors à l'Empire germanique (3).

Première période féodale (877-1095).

La tradition veut que Charlemagne lui-même soit venu s'agenouiller dans toute sa majesté au pied de l'autel d'Anis (4).

(1) Arnaud, *Hist. du Velay*, 1, pp. 49 et suivantes.

(2) Arnaud, *Hist. du Velay*, 1, pp. 53 et suivantes.

(3) Voir notamment un acte concernant le prieuré d'Aurec : La Mure, *Histoire des ducs de Bourbon et des comtes de Forez*, éd. R. C. Paris, 1868, t. III, pp. 16-17. — L'acte est passé sous le règne de Raoul (Rodulpho), roi de Bourgogne, mort en 1032.

(4) Arnaud, *Hist. du Velay*, 1, 56, s'occupant de l'institution des *chanoines pauvres* à l'église cathédrale du Puy, écrit : « Ce prince [Charlemagne] en fit expédier le diplôme de sa chancellerie, le 14 des calendes de janvier de l'an 803. Le motif de cette institution fut que lors d'un pèlerinage que Charlemagne avait fait précédemment au Puy, plusieurs chanoines étaient absents et fugitifs à cause des incursions des Sarrazins. On peut conjecturer que le voyage de ce prince dans cette ville eut lieu l'an 793, époque à laquelle les Sarrazins firent une nouvelle irruption dans les Gaules ; une partie de ces peuples, qui furent vainqueurs des Aquitains, près de Narbonne, s'avancèrent sans doute alors vers le Velay et y répandirent l'effroi. Ces circonstances paraissent s'accorder avec la tradition ». Cf. F. Mandet, *Hist. du Velay*, II, pp. 313 et suiv. — Voir surtout l'étude que l'abbé Payrard a consacrée aux *chanoines pauvres* dans les *Tablettes du Velay*, I, 1871, pp. 14, 70, 97, 247, 385. — L'authenticité du

Ce qui est certain, c'est que le pays commençait à devenir un centre religieux qui attirait les pèlerins. L'abbaye bénédictine de Saint-Chaffre (Le Monastier) fut fondée au VIIIᵉ siècle (1), et le sanctuaire de Saint-Julien, à Brioude, reçut la visite du fameux paladin *Guillaume d'Orange*, qu'attendait la retraite de Saint-Guilhem-du-Désert, près d'Aniane. Le souvenir de cette visite insigne donnera à Brioude une place d'honneur dans les *Chansons de geste*, et contribuera à la vogue du pèlerinage de Saint-Julien et même du Puy (2).

L'administration de Charlemagne est restée célèbre et fait l'admiration de l'histoire. Les *cités* gallo-romaines, restées intactes, furent gouvernées par des comtes, et le nom de *comitatus* parut bientôt dans les documents. Le Velay est un *comitatus vellavensis* dès 886 (3); mais ce nom ne fait pas dis-

diplôme de Charlemagne est plus que douteuse, et ainsi, on ne peut réellement parler que de tradition.

(1) Tout ce qui concerne l'abbaye du Monastier Saint-Chaffre a été exposé par l'abbé Chevalier dans son *Cartulaire de l'abbaye du Monastier*, Paris, Picard, 1884.

(2) Les historiens de Saint-Julien de Brioude ont cru (V. Casati, *Brioude et l'église de Saint-Julien*, p. 8, note 2) que le Guillaume qui vint visiter ce sanctuaire, est Guillaume-le-Pieux, mort le 6 juillet 918. Tous les témoignages historiques et poétiques signalent, au contraire, Guillaume d'Orange ou au Courb-nez, dont nous reparlerons, et qui passa à Brioude en 806. Voici la relation qu'Arnaud, *Hist. du Velay*, I, 57, consacre à ce personnage : « Guillaume, duc de Toulouse, qui se trouvait alors à la cour de Charlemagne, par une suite de son goût pour les exercices de la vie monastique, prit la résolution d'embrasser cet état et d'aller passer le reste de ses jours dans le monastère de Gellone, qu'il avait fondé aux montagnes, près de Lodève. En s'y rendant, il passa par l'Auvergne, dont les peuples étaient soumis à son gouvernement. Arrivé à Brioude, il y donna une marque de son renoncement au monde dans l'église du célèbre martyr saint Julien, qui, comme lui, avait été homme de guerre. Il se prosterna devant son tombeau, y fit sa prière, et, après y avoir déposé sa cuirasse et son bouclier, qu'il offrit avec plusieurs autres présents, il alla dans le vestibule de l'Église où il appendit son arc, armé d'une grande flèche, son carquois et son épée : cérémonie fort usitée dans son siècle ». — Cf. ce que nous disons plus loin concernant *les Chansons de geste*.

(3) Des comtes d'Auvergne sont signalés dès le VIᵉ siècle, et Ch. Rocher (*Les vieilles Histoires de N.-D. du Puy*, p. 465) consacre un chapitre au « Vellave Georges, comte d'Auvergne au VIᵉ siècle ». Il s'inspire du *de Gloria confessorum* de Grégoire de Tours, et rapporte la phrase suivante : *Eo quoque tempore*

paraître celui de *pagus* employé par César, Tite-Live et Pline. Le *pagus vellaicus* est signalé à partir de 950. La *civitas Arvernorum* était si étendue qu'elle forma quatre *pagi*, et il faut citer ici le *pagus Brivatensis*, appelé aussi *Comitatus*. En Gévaudan, des comtes amovibles sont signalés dès 561 par Grégoire de Tours (1).

Ces comtés ou *pagi* étaient subdivisés en vigueries (*vicariæ*). Le Velay en comprenait dix, le pagus Brivatensis cinq, et le canton actuel de Saugues était, sous le nom de viguerie de Grèzes (*vicaria Gredonensis*), une dépendance du Gévaudan (2).

Or, l'édit bien connu de Quiersy-sur-Oise (877) rendit héréditaires les fonctions des gouverneurs de ces circonscriptions territoriales ; puis, des chevaliers ou simples nobles devinrent les maîtres héréditaires de simples villages. L'édit permettait aussi de construire des châteaux-forts. Ce fut l'origine de la féodalité. Celle-ci s'implanta fortement dans la région. Les Polignac sont signalés dès 860 et leur château existait déjà un siècle après (3).

Néanmoins, l'histoire ne sait pas grand chose sur la répartition des *fiefs* secondaires et même parfois sur la formation des plus grands ; si bien que le rôle des premiers seigneurs et des premiers châteaux contre les incursions des Sarrazins et

---

(569) *quo Gregorius Vellavorum civis Arvernae urbis comitatu patiebatur.* — Arnaud, *Hist. du Velay*, I, 53, signale un *Bullus* qui fut nommé comte de Velay par Charlemagne en 771 ; plus loin, p. 58, en 820, il écrit : « Divers manuscrits de ce temps-là nous font connaître quelques comtes des états de Pépin [en Aquitaine]. Parmi ceux dont ils font mention, on trouve que Bérenger *comte de Velay*, dont il est parlé dans une charte de Pépin II, roi d'Aquitaine, de l'an 845, vivait vers le même temps. Ce comte, qui paraît avoir rétabli l'abbaye de Saint-Chaffre.... ». P. 67, Arnaud signale que Guillaume, comte d'Auvergne, est, en même temps, comte de Velay, en 892 ; Guillaume II est comte de Velay en 918 (p. 68) et laisse à sa mort (927) le comté à son frère.

(1) A. Chassaing et A. Jacotin, *Dictionnaire topographique de la Haute-Loire*, p. ix.

(2) Ibid. *Ibid.*, pp. xi et x pour le Velay, xii-xiii, pour Brioude.

(3) La naissance de la féodalité laïque est assez bien exposée par Arnaud, *Hist. du Velay*, I, p. 64, puis pp. 76-77. Les comtes de Velay dépendaient en 877 des comtes de Toulouse, et les *vicomtes* n'étaient que les lieutenants généraux des comtes. Le titre fut d'abord personnel, puis les titulaires, comme les Polignac, y ajoutèrent ensuite le nom de leur château.

peut-être des Normands (1) reste des plus obscurs. Toutefois,
on sait que les Sarrazins pénétrèrent en Velay. En 725, ils
avaient pillé l'abbaye du Monastier, et massacré son troisième
abbé, saint Théofred, dont le nom devait rester attaché à son
église (2). Saint-Julien de Brioude fut aussi démoli par les
mécréants et dut être reconstruit au ixe siècle (3).

Mais la féodalité ne fut pas exclusivement laïque. Les évêques, les abbés et les chapitres devinrent aussi les maîtres des
terres que leur confia la piété des fidèles, ou qu'ils acquirent
parfois par les armes. En Velay, on connaît, dans les grandes
lignes, l'histoire de la féodalité ecclésiastique. Le roi Raoul,
par un diplôme des ides d'avril 923, donne à l'évêque Adelard,
la souveraineté sur la ville qui entoure la cathédrale ; il lui
confère les droits régaliens, celui de battre monnaie, et cela,
avec le consentement du comte Guillaume (d'Auvergne, et de
Velay), qui agit ainsi pour le repos de son âme et de celle de
son oncle (4). Ces privilèges sont confirmés en 955 à l'évêque

---

(1) D'après Arnaud, *Hist. du Velay*, I, 59-60, Pépin II, d'Aquitaine, s'allia
lui-même aux Normands pour résister à Charles-le-Chauve en 857. Les pirates
envahirent alors le Velay, et *Revessio* fut détruite par eux en 864.

(2) La relation de la mort de saint Chaffre se trouve dans les *Chroniques
d'Étienne de Médicis*, éd. Chassaing, I, p. 48 et suivantes. A. Chassaing écrit
en note : « fut martyrisé par les Sarrazins en 732 », et indique une copieuse
bibliographie. — La *Chronique du Monastier* (*Chronicon Chartularium monas-
terii sancti Theofredi Calmiliensi*) éditée depuis par l'abbé Chevalier, plaçait ce
martyre sous le règne de Clotaire II (613-628) ; mais le savant éditeur, rappelant
les travaux des historiens les plus autorisés, se prononce pour la « version la
plus accréditée », celle qui « veut que les Sarrazins aient envahi le couvent dans
cette même expédition (732) où ils devaient se faire broyer par Charles Martel »
(*Cartulaire de l'abbaye de Saint-Chaffre ou Monastier*, Introduction, p. xii).
— Arnaud *Hist. du Velay*. I, pp. 46-47, avait placé le martyre de saint Chaffre
en 729 et l'avait assez bien raconté.

(3) Casati, *Brioude et l'Église Saint-Julien*, p. 9, note 1, sans références.

(4) Le diplôme du roi Raoul est indiqué dans les *Chroniques de Médicis* (éd.
Chassaing, 1874), I, pp. 82-83. — Chassaing reproduit en note le texte même de
la charte, et ajoute, comme bibliographie : Odo de Gissey, *Hist. de N.-D. du
Puy*, p. 253 ; *Gallia christiana*, II, Instrumenta, Eccl. Anic., col. 221 ; Vaissete
et de Vic, *Hist. gén. de Languedoc*, t. II, *Preuves*, col. 61. — M. Langlade a
depuis analysé le document dans son beau livre : *Les Villes d'Art. Le Puy et le
Velay*, 1921, p. 69.

2

Gotescalc, par le roi Lothaire, à l'instance même de la comtesse Hadvidis, femme de Hugues, duc de France (1). Et Gotescalc, en 962, pose la première pierre du sanctuaire pittoresque élevé sur le rocher d'Aiguilhe (2) ; puis, un de ses successeurs, Gui d'Anjou fonde, en 993, le couvent de Saint-Pierre-le-Monastier (3).

Brioude devient aussi un fief ecclésiastique indépendant au ıxᵉ siècle (874) (4) ; l'abbaye de Saint-Julien est remplacée par un chapitre de chanoines nobles qui va gouverner la ville jusqu'à la Révolution, et qui accroîtra souvent ses domaines aux dépens des Polignac, des Dauphins d'Auvergne (5) et des propres barons de Mercœur, ses voisins et ses bienfaiteurs (6).

La charte du roi Raoul permit à l'évêque de frapper les sous podiens (*podienses*) ou *poges, pojes,* dont il donna la moitié aux vicomtes de Polignac. Ce droit de battre monnaie appartenait auparavant au comte. Arnaud, *Hist. du Velay*, I, 69, le remarque en traduisant une phrase du diplôme. L'évêque est appelé *episcopus ecclesiae Aniciensis, seu Vellaunensis.* On peut donc certifier qu'à ce moment (923), le siège de l'évêché avait été définitivement transféré de *Revessio* (Saint-Paulien) au Puy (*Anicium*).

(1) Le diplôme de Lothaire est aussi indiqué dans les *Chroniques de Médicis,* éd. Chassaing, 1874, I, 83. Chassaing donne en note le texte de la charte. L'évêque y est qualifié aussi d'évêque de l'église d'Anis ou du Velay (*Godescalcus, Aniciensis seu Vellaunensis ecclesiae episcopus*). Lothaire rappelle, d'ailleurs, le diplôme de son prédécesseur Raoul. Chassaing indique comme bibliographie : Odo de Gissey, *Hist. de N.-D. du Puy*, 260 ; Vaissète et de Vic, *Hist. gén. de Languedoc,* II, preuves, col. 96. — Cf. Langlade, *Les Villes d'Art célèbres. Le Puy et le Velay,* 69.

(2) A. Chassaing, *Chroniques d'Etienne de Médicis,* I, 64-65.

(3) Ibid. *Ibid.,* I, 63, 204-206. — A. Chevalier, *Cartulaire de l'abbaye de Saint-Chaffre,* Introduction, p. xvııı.

(4) Un diplôme du roi Charles-le-Chauve, daté d'Attigny en 874, place Saint-Julien de Brioude sous la protection royale et l'exempte de toute juridiction ecclésiastique ou laïque. Ce diplôme a été reproduit par A. Chassaing dans le *Spicilegium Brivatense*, Imprimerie nationale, 1886, p. 4, chap. I — Il sera confirmé par Louis VII le jeune en 1138 (*Ibid.*, p. 14, ch. 7).

(5) Au milieu du xııᵉ siècle, l'Auvergne fut divisée en deux régions. La région du Nord, avec Riom pour capitale, eut pour seigneurs des *comtes.* Celle du Sud, avec Montferrand pour capitale, fut gouvernée par des comtes de la même famille, mais qui, pour se distinguer de leurs parents, prirent le titre de *Dauphins*, très probablement à cause de leur parenté avec les dauphins du Viennois.

(6) *Les Mercœur* étaient une maison seigneuriale, vassale des Dauphins d'Auvergne. Leur château central était à Ardes-sur-Couze (anj. Puy-de-Dôme, arr.

Cette maison de Mercœur donna, d'ailleurs, à Cluny, en 994, un abbé, saint Odilon, dont le nom est passé dans la grande histoire, et qui gouverna la célèbre abbaye jusqu'en 1049.

Le mouvement qui porte les âmes vers les cloîtres est si intense, d'ailleurs, dans cette première période de la vie féodale, que la région se couvre de couvents : il faut citer, en 1025, la fondation de l'abbaye de la Voûte-Chilhac (1), en 1062, la fondation de l'abbaye augustine de Pébrac, par Pierre de Chavanon, et surtout, en 1053, celle de l'abbaye bénédictine de la Chaise-Dieu. Bientôt apparaîtront l'abbaye de Prémontrés, de Douë, près du Puy, la chartreuse de Bonnefoy, près du Mezenc, le chapitre de Saugues, etc. (2).

Les deux pouvoirs, c'est-à-dire la féodalité seigneuriale et la féodalité ecclésiastique, vont donc gouverner les populations, chacune de son côté, avec une entière indépendance, tandis que le pouvoir royal est réduit à presque rien sous les derniers carolingiens, puis presque effacé avec les premiers capétiens. Ces deux puissances collaboreront parfois très franchement, et dans une superbe émulation de dévouement, comme nous le verrons pendant la première croisade. Mais, le plus souvent, elles seront rivales et ennemies : leurs luttes rempliront toute l'histoire jusqu'au moment où la royauté deviendra l'arbitre intéressé de leurs querelles et que le mouvement des communes les amoindrira l'une et l'autre.

d'Issoire), mais leurs domaines s'étendaient jusqu'en Gévaudan, au sud de Saugues, et dans une partie du Cantal. — La généalogie des Mercœur, établie par Justel (*Hist. généal. de la Maison d'Auvergne*) et Baluze (*Ibid.*) se trouve dans l'*Armorial* de Bouillet. Marcellin Boudet a étudié l'histoire des Mercœur dans la *Revue d'Auvergne* (1905), et surtout dans le *Cartulaire de Saint-Flour*, Monaco, 1910.

(1) A. Chassaing, *Spicilegium Brivatense*, Préface, p. x.

(2) Ces divers couvents ont leur article dans la *Gallia Christiana*, qui a essayé de retrouver la liste de leurs abbés. Ils ont aussi été l'objet de travaux divers : l'abbé Payrard a publié le *Cartulaire de Pébrac*; A. Jacotin a édité l'*histoire de la Chaize-Dieu par Dom Gardon*, et l'abbé Pontvianne a consacré un volume bien documenté à l'abbaye de Douë.

14   C. FABRE

Première croisade (1). — Adhémar de Monteil.
Deuxième période féodale (1095-1229).

La première croisade fut pour le Velay l'événement le plus
considérable et le plus glorieux de son histoire. Le pape
Urbain II passa les Alpes pour y intéresser toute la France.
Il voulut d'abord la prêcher au Puy, mais se décida pour
Clermont. Le Velay n'y perdit rien. Il avait pour évêque un
ancien chevalier venu du royaume d'Arles, riche, valeureux,
et d'une piété ardente mais éclairée. Le pape le nomma, à
Clermont même, chef de l'expédition. Il partit avec Raimon de
Saint-Gilles, comte de Toulouse, et un fort contingent d'Au-
vergnats et de Vellaves. Le vicomte de Polignac l'accompagna (2).
Il gagna Constantinople par la Lombardie, l'Illyrie, la Macé-
doine et la Thrace, et trouva sur le Bosphore le gros de
l'armée du Nord, qui se soumit à sa direction aussi bien que
l'armée de Toulouse et que celles de Tancrède et de Boémond

(1) L'histoire de la première croisade est si connue que nous n'avons à rappeler aucune bibliographie. Mais, comme je l'indique dans le texte, Adhémar
de Monteil n'est nulle part présenté avec sa personnalité réelle. Je me permets
donc de prier le lecteur de se reporter à l'étude que j'ai publiée moi-même
récemment dans le *Bulletin historique de la Société d'agriculture, sciences,
arts et commerce du Puy*, t. V, 1915-1920, pp. 176-192 et t. VI, 1921, pp. 41-72,
Adhémar de Monteil, chef suprême de la première croisade. Cette étude indique le grand rôle qu'Adhémar a joué, non seulement comme légat du Saint-
Siège, mais comme chef suprême de l'expédition.

(2) Ce vicomte est Héracle Ier ; Jacotin (*Preuves de la maison de Polignac*,
Paris, Leroux, 1907), écrit à son sujet (Préface, III) ; « Adhémar de Monteil
obtint du vicomte Pons II et de son fils Héracle Ier le désistement de toutes
leurs prétentions sur l'Eglise du Puy, moyennant une somme de 25.000 sous
podiens. La réconciliation fut complète entre les adversaires, puisque
Héracle Ier devint le porte-étendard d'Adhémar à la première croisade, où il
fut mortellement blessé le 28 juin 1098, à la glorieuse bataille d'Antioche. »
A. Jacotin relève ensuite à la page 97 (t. I.) de son livre, le récit que Raimon
d'Aguilers a écrit concernant la blessure d'Héracle Ier. Chabron, *Histoire de
Polignac* (manuscrit), p. 282-87, consacre aussi, d'après Raimon d'Aguilers, un
récit émouvant à la mort glorieuse d'Héracle Ier.

de Sicile. La prise de Nicée, la victoire de Dorylée et enfin la conquête d'Antioche furent les grands faits auxquels présida notre évêque. A Antioche, attaquée par les Turcs de *Corbaran* (1), il revêtit ses anciennes armes de chevalier, porta sur le front des croisés la *sainte lance* qu'on venait de découvrir, et assura la victoire, non seulement par ses sermons enflammés, mais par la belle ordonnance qu'il sut donner à l'armée chrétienne. Il mourut à Antioche quinze jours après son triomphe (1er août 1098).

L'histoire l'a longtemps rabaissé, même en Velay, en réduisant son rôle à celui de simple légat et de chef spirituel de l'expédition. Cela paraissait ressortir des chroniques latines et même de celle de Raimon d'Aguilers, un chanoine du Puy, qui avait accompagné le comte de Toulouse à titre de chapelain. Et le nom d'Adhémar de Monteil paraissait bien modeste à côté de ceux de Godefroy de Bouillon, d'Hugues de France, frère du roi Philippe Ier, de ceux de Raimon de Toulouse, de Tancrède et de Boémond. En réalité, Adhémar fut le chef de ces hauts guerriers, l'âme et le premier capitaine de la croisade. Aussi, le trouvère qui écrivit au cours des événements et chanta aux croisés eux-mêmes la *Chanson d'Antioche* (2), l'a-t-il mis à son rang, c'est-à-dire au premier, et l'a-t-il auréolé d'une gloire qui le place à la tête des héros des *Chansons de geste* (3).

(1) C'est le nom que les croisés ont donné au grand général musulman qui essaya de délivrer Antioche prise par les *Francs*, et qui fut vaincu en juin 1098. (Voir mon étude, citée ci-dessus, *Adhémar de Monteil, chef suprême de la première croisade*. Le nom de *Corbaran* resta populaire après la croisade, et désigna les grands conducteurs d'hommes. Le troubadour Pierre Cardinal du Puy l'évoquera dans un de ses poèmes, et le chef des *Chaperons blancs* du Puy se donnera ce nom légendaire en 1182 (*Médicis*, I, 86, écrit *Curbarant*.)

(2) La *Chanson d'Antioche* est justement le poème dont j'ai tiré mon étude sur Adhémar de Monteil. Il a été édité admirablement en 1848, par Paulin Paris, chez Techener, 2 vol. in-8°.

(3) Les *Chansons de geste* ont surtout célébré les pairs de Charlemagne, et chacun connaît aujourd'hui la *Chanson de Roland*. Elles ont célébré parfois aussi, comme la *Chanson d'Antioche*, un événement célèbre. Il faut donc les mentionner dans l'histoire du Velay, puisque Adhémar de Monteil est le héros de la *Chanson d'Antioche*. Le sanctuaire de St-Julien de Brioude oblige aussi

Une mention de ces chansons a sa place ici. Ce n'est pas seulement la croisade, avec la haute figure d'Adhémar, qui le commande. Brioude, avec son sanctuaire de Saint-Julien, avait inspiré en partie la geste de Guillaume d'Orange, et M. Joseph Bédier a récemment fait ressortir que nos épopées, nées du terroir même, sont la glorification émouvante de nos plus belles vertus ancestrales.

*
**

La lutte entre les églises et les seigneurs avait déjà commencé avant la croisade. Elle reprit bientôt après, avec plus d'ampleur et d'animosité. Les évêques du Puy obtinrent, d'abord, de nouveaux privilèges de la royauté. Louis VI le Gros confirma, en 1134, les chartes des rois Raoul et Lo-

de connaître la geste de *Guillaume d'Orange, au Courb-Nez*, celui qui en 806 (v. ci-dessus, note 2 de la page 9) vint pieusement déposer ses armes sur l'autel du glorieux martyr. Les textes des poèmes ont été établis critiquement et popularisés par la *Société des anciens textes*, et les *histoires littéraires* consacrent de copieux passages aux *Chansons*. Dans *l'Histoire de la littérature française illustrée*, Larousse, 1922, p. 11, M. Joseph Bédier mentionne la geste de Garin de Monglane, dont la chanson de Guillaume fait partie : « les légendes qu'elles (les chansons) mettent en œuvre, se laissent pour la plupart localiser en des sanctuaires qui, de *Saint-Julien-de-Brioude* à l'église de Martres-Tolosanes, marquaient des étapes sur l'une des principales routes du pèlerinage de Compostelle, la *via Tolosana*..., ». « Entre les membres du lignage brille Guillaume au « Courb-nez », dont le prototype historique fut un personnage du viiie siècle, ce Guillaume que Charlemagne nomma comte de Toulouse en 790, qui combattit les Sarrazins non loin de Narbonne en 793, puis en Catalogne en 803. Peu après, vers l'an 804, il s'était rendu moine dans une abbaye du diocèse de Lodève, Aniane. A deux lieues de là, il avait édifié et doté richement une autre maison religieuse, Gellone (devenue Saint-Guilhem-le-Désert). Il y mourut quelques années plus tard sous la robe bénédictine et y fut enseveli. »

M. J. Bédier étudie une seconde fois les *Chansons de geste* dans *l'Histoire de la Nation française*, parue sous la direction de M. Hanotaux chez Plon-Nourrit. Au tome XII (*Histoire des lettres, des origines à Ronsard*), l'étude des *Chansons* remplit les pages 177-236. La Chanson de Guillaume y est examinée spécialement, et une gravure représentant St-Julien-de-Brioude y figure à la page 194. « On conservait, dit M. Bédier, des reliques de Guillaume et de son neveu légendaire *Rainoart* dans l'église de St-Julien-de-Brioude. » Guillaume aurait même fait un pèlerinage au Puy.

thaire (1). Son fils, Louis le Jeune, vint lui-même au Puy faire
ses dévotions au temple de Notre-Dame en 1146, et, en
échange des subsides que l'évêque lui fournit pour une nouvelle croisade, il étendit les privilèges anciens (2). D'autre part,
les papes accordèrent constamment le *pallium* aux prélats du
Velay, qui étaient affranchis de tout métropolitain et dépendaient directement du Saint-Siège (3). Enfin, en Gévaudan, un
évêque remuant et ambitieux, Aldebert III (1151-1187), se
rendit lui-même à la cour de France et obtint du roi la *bulle
d'or* (4) qui le créait comte de la province (1161). Le schisme
qui survint à la même époque accrut encore le pouvoir de
l'Eglise. Alexandre III, élu contre Victor IV, se rendit de
Rome en France et dirigea pendant quatre ans toute la politique de l'Occident (5).

Les seigneurs, pressés de tous côtés, finirent par se révolter.
Ils étaient riches et puissants et unis entre eux par des liens
de famille : Guillaume VII, comte et dauphin d'Auvergne,
avait marié sa fille Bélissende-Marquèze au vicomte de Polignac ; une autre de ses filles, Na Saïl de Claustra, avait épousé

(1) A. Chassaing, *Chroniques de Médicis*, I, 73. — Odo de Gissey, 382.
Vaissète, II, Preuves, 473, année 1134.

(2) Ibid., *Ibid.*, 73-74. (Le diplôme est inséré dans une charte de Philippe-
Auguste (date 1146). La partie nouvelle, oubliée par Médicis, est en italiques.
— Odo de Gissey, 386. — *Gallia Christiana*, II, Inst. Eccl. Anic. col. 231. —
Caillau, *Gloires de N.-D. du Puy*, Paris, 1846, p. 388.

(3) En 998 (Arnaud, *Hist. du Velay*, I, 86), le pape Silvestre II s'était arrogé,
le droit de sacrer l'évêque du Puy, « après élection par le clergé et le peuple du
Velay ». Au milieu du siècle suivant, Léon IX accorda le *pallium*, qui fut, dès
lors, donné à tous nos évêques : ceux-ci, indépendants de tout métropolitain,
c'est-à-dire soustraits à l'autorité de l'archevêque de Bourges, relevèrent
directement du Saint-Siège.

(4) La *Bulle d'Or* est accordée par Louis VII en 1161. Tous les historiens
du Gévaudan (voir notamment Pascal, *Gabalum Christianum* 193), en donnent
le texte ou l'analyse.

(5) L'empereur Frédéric Barberousse fit élire un pape qui prit la tiare sous le
nom de Victor IV. Le conclave, à Anagni, élut un autre pontife, Alexandre III,
qui, ne se trouvant pas en sécurité en Italie, passa en France où il fut bien
accueilli à Tours par Louis VII et Henri II d'Angleterre (1160-1165). — Lyon
et le Forez prirent parti pour Victor IV, et des troupes tentèrent un instant
d'envahir le Velay.

lé seigneur de Mercœur, dont les terres s'étendaient depuis Ardes-sur-Couze jusqu'au sud de Saugues, englobant les terres du chapitre de Brioude (1). Une ligue fut scellée entre ces seigneurs, et le chapître de Brioude fut attaqué, tandis que les Polignac tentaient des diversions sur Saint-Paulien et la Chaise-Dieu.

Le pape Alexandre III courut de Sens à Paris et dénonça au roi les déprédations des agresseurs en lui rappelant que Brioude ne dépendait que de lui et du Saint-Siège (2). Le roi convoqua les seigneurs à Souvigny où un semblant de paix fut conclu et Alexandre III vint au Puy même soutenir la cause de l'évêque. Lors de son retour en Italie, par le port de Maguelonne, il promulgua à Montpellier, en 1165, une bulle qui énumérait toutes les paroisses du diocèse d'Anis et consacrait les prétentions du prélat (3). Les seigneurs ne se tinrent pas pour battus, et le roi vint lui-même en Auvergne combattre les rebelles. Il assiégea Nonette (1169), y fit prisonniers les Polignac, Pons et Héracle (père et fils) et les emmena captifs à Paris, en passant par Le Puy. En Forez, il procéda à une véritable révolution politique en détachant le comté des terres de Lyon et du Beaujolais restées fidèles à l'empereur Frédéric Barberousse et à l'anti-pape Victor IV. Un traité négocié à Paris, fut signé en 1171 ; il était tout à l'avantage de l'évêque du Puy et les conditions en étaient si dures pour les vaincus que le roi lui-même les adoucit légèrement en 1174 (4). Le

---

(1) J'ai établi moi-même les liens de parenté entre Guillaume VII, Héracle de Polignac et Béraud de Mercœur dans mes *Notes sur les Troubadours Guillem et Gauceran de Saint-Didier* (*Annales du Midi*, Toulouse, Privat, 1911, pp. 162-79).

(2) Nous avons noté plus haut les privilèges du chapitre de Brioude, publiés par A. Chassaing dans le *Spicilegium Brivatense*. Cf. Casati, *Brioude et l'Eglise Saint-Julien*, pp. 9-10, notes.

(3) La bulle d'Alexandre III a été publiée dans les *Chroniques de Médicis*, I, 76-78. En note, A. Chassaing donne au document la date de 1164, en s'inspirant d'Odo de Gissey, 392, et du Frère Théodore, 258. En réalité, la date (20 juillet 1165) a été trouvée par A. Jacotin, dans les *Preuves de la Maison de Polignac*, I, p. 46. La *Gallia Christiana* a aussi donné le document dans ses *instrumenta*, t. II, col. 706, mais sans préciser la date.

(4) Le récit de cette guerre entre l'évêque et les Polignac a été connu d'abord exclusivement par des documents ecclésiastiques et le texte du traité de 1171;

pape approuva le traité, mais le bouillant évêque de Mende protesta avec véhémence et accusa l'église d'Anis, devenue à ses yeux « une caverne de voleurs », de pactiser, par amour du *lucre*, avec les vicomtes de Polignac (1).

Ceux-ci, qui n'avaient pas pu trouver les otages qu'on leur réclamait, reprirent les armes en 1181, et molestèrent de nouveau les terres de Brioude, entre autres Saint-Germain-Lambron. Le vicomte Héracle dut se soumettre une seconde fois, sur les conseils de son beau-père d'Auvergne. Il céda quelques châteaux, supporta une pénitence publique dans l'église de Saint-Julien et bâtit sur ses terres, à Viaye, près du Puy, un couvent qui reçut des prémontrés. Son père embrassa lui-même la vie monastique (2) ; son fils, Pons IV, se rendra à la

aussi, tous les historiens, notamment Mandet, ont-ils fait ressortir la tyrannie et même la cruauté des Polignac, en exaltant, au contraire, le désintéressement des évêques. Cette manière de voir était fausse : les Polignac ne paraissent pas avoir eu plus de torts que leurs adversaires : d'ailleurs, l'église d'Anis recueillit tous les avantages de la lutte. Il faut donc examiner la question à la clarté du beau dossier que M. A. Jacotin a réuni dans les *Preuves de la Maison de Polignac*, tome I, Chartes 55 à 65.

(1) Voir le texte de cette lettre curieuse dans A. Jacotin, *Preuves*, I, p. 118, ch. 62.

(2) Les événements de 1181 ont été déformés comme ceux de 1169-74. Arnaud, *Hist. du Velay*, I, 132-34, reste assez impartial. Mais Mandet consacre aux luttes des Polignac et des évêques les chapitres IV et V de ses « Récits du moyen âge » (*Hist. du Velay*, t. III). Il intitule son étude : « Tyrannie des vicomtes de Polignac » et « Les Polignac chefs de routiers ». Cette étude est visiblement tendancieuse, et Mandet a seulement l'excuse d'avoir été incomplètement informé. Les documents du temps, et notamment la biographie provençale du troubadour Guillaume de Saint-Didier (A. Jacotin, *Preuves*, I, 136) font d'Héracle II, de Polignac, un seigneur courtois, ami des arts. J'ai pu écrire moi-même dans mes *Notes sur les troubadours Guillem et Gauceran de Saint-Didier*, qu'il me paraissait être une grande victime et que l'histoire n'avait pas le droit de l'insulter comme l'a fait Mandet. Truchard du Molin, dans sa *Vicomté de Polignac*, éditée luxueusement par A. Chassaing en 1892, Paris, Didot, avait déjà ramené le récit des événements à des données plus vraisemblables, en consultant Chabron. Il faut lire, dans son beau livre, le chapitre III : « Guerre de la suzeraineté entre les vicomtes et les évêques, de 924 à 1188 », pp. 29-45. La question, il est vrai, ne pouvait être mise au point que par les documents du temps. Or ces documents ont enfin été publiés par A. Jacotin, *Preuves*, I, p. 127, ch. 73.

croisade de 1190 avec Richard-Cœur-de-Lion (1), et finira par se reconnaître vassal de l'évêque du Puy (2).

En Gévaudan, la lutte fut plus ardente encore ; l'évêque Aldebert découvrit les restes de saint Privat et institua en l'honneur de ce saint un culte pompeux dont il a lui-même laissé la relation écrite (3). La noblesse l'attaqua quand même, sous la direction des Montlaur, une haute famille du Velay et du Vivarais, qui avait quelques possessions non loin de Saugues (4). Elle fut victorieuse et le prélat mourut en prison (1187). Mais ses successeurs relevèrent l'autorité de leur église à l'occasion de la *guerre contre les Albigeois* (5).

Cette guerre, d'ailleurs, est encore une phase de la lutte de l'Eglise contre les seigneurs laïques. Ceux-ci, dans le Midi, et particulièrement à Toulouse et dans le Bas-languedoc, étaient sympathiques aux hérétiques *cathares* ou *Patarins* et aux *Vaudois* qui venaient de se répandre, avec des progrès merveilleux, dans toute la contrée, de Lyon aux Pyrénées. On connaît la guerre et le sang qu'elle a fait verser. L'évêque du Puy, Bertrand de Chalancon, y conduisit, en 1209, un contingent vellave, qui se rendit au sac de Béziers et de Carcassonne par le Gévaudan et le Rouergue. L'évêque de Clermont, Robert de La Tour (1195-1227), en fit autant et entraîna avec lui son frère, le comte Gui II, d'Auvergne. Ainsi, toute la région prit part à cette explosion de fanatisme et à cette œuvre de pillage et de sang (6). L'évêque du Puy, Robert de Mahun (1214-1219) se

<hr>

(1) A. Jacotin, *Preuves de la Maison de Polignac*, I, 131; charte 77.

(2) Ibid., *ibid.*, 152, charte 99.

(3) Voir édition des *Miracles de Saint-Privat*, par M. Brunel, Paris, Picard, 1912.

(4) J'ai moi-même exposé quelques phases de cette lutte dans *Pons de Montlaur dans l'histoire et dans la Poésie provençale.* (*Mémoires de la Société agricole et scientifique de la Haute-Loire*, t. XV. Et la carrière d'Aldebert est exposée dans Brunel, *Les Miracles de Saint-Privat*.

(5) Le roi Louis VIII, revenant de devant Toulouse en 1226, passa dans la contrée et alla mourir à Montpensier en Auvergne. Il rétablit à Mende les évêques dans leur autorité de comtes du Gévaudan.

(6) Le rôle de Bertrand de Chalancon pendant la guerre des Albigeois a été indiqué par Arnaud, *Hist. du Velay*, I, 146-47. Mais le récit détaillé se trouve dans la *Chanson de la croisade albigeoise* éditée par Paul Meyer en 1872, t. I,

rendit au quatrième concile de Latran qui consacra, en 1215, la spoliation du comte de Toulouse Raimon VI au profit de Simon de Montfort (1).

Mais la victoire ne porta point bonheur aux vainqueurs. Dès 1210, l'évêque de Clermont eut à lutter contre son frère et fut même fait prisonnier en 1211. Il est vrai que l'intervention du roi et du Saint-Siège le délivra, et alors il triompha impitoyablement. Son frère, le comte Gui II, fut dépouillé par Philippe-Auguste en 1213. La plus grande partie de l'Auvergne devint *terre royale*, et la vassalité du Velay envers les comtes d'Auvergne cessa en même temps : le vicomte Pons IV de Polignac fit hommage à l'évêque du Puy en 1213 (2).

Mais la ville même du Puy fut moins docile. Elle se révolta, chassa l'évêque et s'adressa au roi. Philippe-Auguste accueillit sa requête, et, par le traité de Vernon en mars 1218, lui accorda un *consulat* et des privilèges qui en firent une véritable commune avec des forces militaires et des revenus propres. Cette date est célèbre dans les fastes de la cité (3). L'évêque Robert de Mahun, rentré amoindri dans son diocèse, ne conserva que la partie de la ville accordée à ses prédécesseurs par des diplômes royaux, et connue désormais sous le nom de *Cloître*, qui la distingua de la ville *consulaire*. Il ne fut pas heu-

p. 16, aux vers 316 à 341. — Le passage a été reproduit dans les *Preuves de la Maison de Polignac*, I, 143-44, ch. 11, et Jacotin rappelle, à cette occasion, un passage de Jean Chassanion, un auteur protestant de Monistrol-sur-Loire (*Histoire des Albigeois*, Genève, 1595, in-8, p. 110). Pour l'expédition de l'évêque Robert de Clermont, et de son frère Gui II, il faut consulter aussi la *Chanson de la Croisade*.

(1) C. Fabre, *Pons de Montlaur dans l'histoire et dans la poésie provençale*, (*Mémoires de la Société, agricole et scientifique de la Haute-Loire*, t. XV, 1907-8, p. 37.) — *Gallia Christiana*, II, à l'article de Robert de Mahun. — Mandet, *Histoire du Velay*, IV, p. 27.

(2) C. Fabre, *Le troubadour Pons de Chapteuil, quelques remarques sur sa vie et sur l'esprit de ses poèmes*. (*Mémoires de la Société agricole et scientifique de la Haute-Loire*, t. XIV (1905-1906), pp. 25-51. — J'ai raconté, avec références, dans cette étude, toutes les phases de la lutte.

(3) Le traité de Vernon (mars 1218) a été traduit et étudié par Mandet, *Histoire du Velay*, t. IV, pp. 46-54.

reux dans cette nouvelle situation et tomba sous les coups d'un meurtrier en 1219 (1).

Cependant, la guerre contre les Albigeois continuait. En 1226, le roi Louis VIII s'emparait d'Avignon après un siège fameux, poussait jusque devant Toulouse et venait mourir, jeune, à son retour, à Montpensier en Auvergne, après avoir rétabli les évêques du Gévaudan dans leur autorité de comtes. Enfin le traité de Meaux (1229) consacrait la soumission du Midi. Les sénéchaussées de Beaucaire et de Carcassonne restaient au roi, et le Velay et le Gévaudan faisaient désormais partie de la première de ces sénéchaussées. Quant à l'Auvergne, et, par conséquent, à la région de Brioude, elle passait sous l'autorité des baillis et prévôts royaux qui dépendaient du sénéchal de Riom. La séparation des trois provinces n'avait jamais été si complète. Il ne resta plus à l'ouest du territoire actuel de la Haute-Loire qu'un trait d'union assez étroit entre le Dauphiné d'Auvergne et le Gévaudan. C'est la baronnie de Mercœur, qui continua à comprendre la région de Saugues.

Les lettres. — L'école Saint-Mayol. — Les Troubadours.

Avant de quitter la période proprement féodale que nous venons de parcourir, il est juste de jeter un coup d'œil sur la renaissance exquise des lettres et de la poésie qui marque, avec le triomphe de l'architecture religieuse (2), cette époque soi-disant barbare. Le Velay, l'Auvergne et même le Gévaudan

(1) Le meurtre de l'évêque Robert de Mahun est relaté par tous les historiens du Velay ; le récit le plus clair se trouve dans Mandet, *Histoire du Velay*, IV, chap. VII. Cf. la *Gallia Christiana*, II, col. 789. 10, et L. Pascal, *Bibliographie du Velay et de la Haute-Loire*, qui indique une foule de sources concernant l'épiscopat de Robert.

(2) Pour l'architecture religieuse avant le XIIIe siècle, il y a lieu de consulter le bel ouvrage de Noël Thiollier : *l'Architecture religieuse à l'époque romane dans l'ancien diocèse du Puy*. Le Puy, Marchesson, sans date, [1900]. — Cf. dans la collection des *Villes d'Art*, éditée par la maison Laurens, de Paris, *Le Puy et le Velay*, par M. Langlade.

n'en ont jamais connu de plus brillante et de plus empreinte du génie local et régional.

Nous avons signalé l'*Invention des reliques de Saint-Privat* de l'évêque Aldebert III de Mende (1). Le culte du saint déjà répandu en Auvergne et en Velay, y avait donné leur nom à des localités parfois importantes : Saint-Privat d'Allier, en Velay, Saint-Privat du Dragon, région de Brioude.

Raimon d'Aiguilers, qu'on croit être d'Aiguilhe, et qui, en tout cas, était chanoine du Puy, avait été un des historiens de la première croisade (2).

Ces œuvres étaient naturellement écrites en latin, et c'est dans la même langue que nous sont parvenus les cartulaires des couvents, ceux du Monastier, de Chamalières, de Brioude, de Pébrac, etc. (3). Et le chapitre du Puy se préoccupa de bonne heure du recrutement et de l'instruction de ses membres. Il fonda près de la cathédrale une école qui est restée célèbre et dont les plus anciennes mentions remontent à la première partie du douzième siècle (4). On y apprenait « les lettres, ainsi qu'à lire et à chanter », et le poète Pierre Cardinal y acquit cette connaissance profonde des Ecritures qui frappe dans ses vigoureux poèmes. Les études y duraient dix ans. Les élèves, dont le nombre moyen fut de quatre-vingt-dix, sans compter les *habitués*, y étaient reçus sur la présentation même des chanoines

(1) V. plus haut, p. 20, note 3.

(2) L'œuvre de Raimon d'Aguilers a été éditée dans *Les Historiens Occidentaux des Croisades*, t. III.

(3) Les cartulaires qui ont été édités dans les cinquante dernières années sont les suivants : *Cartulaire de Brioude*, par H. Doniol ; *Cartulaire de Pébrac*, par l'abbé Payrard ; *Cartulaire de Chamalières*, par A. Chassaing ; *Cartulaire des Templiers du Puy-en-Velay*, par le même ; *Cartulaire des Hospitaliers du Puy-en-Velay*, par le même; *Cartulaire de l'abbaye de Saint-Chaffre du Monastier*, par l'abbé Chevalier.

(4) Mandet, dans son *Histoire du Velay*, t. II, a consacré tout le chapitre X à « l'Université des Clercs ». Cette étude, déjà soigneusement documentée, est loin d'avoir épuisé la question. A. Jacotin a analysé dans *l'Inventaire des Archives de la Haute-Loire*, série G. Clergé séculier, 1903, les nombreuses chartes et documents qui nous sont parvenus. J'ai moi-même dans les *Sept Joies de la Vierge (Mémoires et procès-verbaux de la Société scientifique et agricole de la Haute-Loire* (t. XVI, 1909-10, pp. 426-52) publié les deux bulles du pape Clément IV qui indiquent l'organisation de l'école et de l'université des clercs.

et après un examen public de huit jours constatant leur aptitude. Le personnel enseignant comprenait un *cabiscol,* qui était chanoine, un *préchantre,* un maître de grammaire, un *theologus* et un professeur en décrets. L'institution était si utile qu'elle recevra plusieurs fois des règlements des souverains pontifes, jouera un rôle important dans la Renaissance au xvi⁰ siècle, et persistera jusqu'à la Révolution. Les *clercs* qui en sortaient furent souvent appelés à de hautes destinées et devinrent prélats, ou hommes d'Etat. D'ailleurs, le corps des clercs d'Anis forma de bonne heure une corporation ou université qui se mettra au xiv⁰ siècle sous le patronage de *Saint-Mayol* et qui avait ses propriétés, ses vassaux et sa justice. La corporation élisait elle-même ses *bailes* et résistait parfois jusqu'aux empiètements des évêques.

Les historiens locaux ont pensé, qu'à l'exemple de Cardinal, les *troubadours* de la région avaient aussi fait leurs études dans cette école (1). C'est une erreur; les troubadours ont été souvent des ennemis de l'Eglise, et leur art, loin d'être inspiré par des études cléricales, passait aux yeux des clercs pour un fruit de la « vanité du monde » (2). Il n'en est pas moins vrai que la langue vulgaire, c'est-à-dire la langue d'*oc*, produisit pendant deux siècles, en Auvergne, en Gévaudan, en Velay, et même en Forez, une littérature d'un art achevé, pleine de charme et souvent de vigueur et de force.

Le premier poète à signaler vivait au milieu du douzième siècle, avant 1173. Il était du Puy et s'appelait *Garin-le-Brun*; on a retrouvé sa famille, qui fournit des consuls dès 1219 et qui avait sa maison dans le cloître (3). On l'a connu d'abord

----

(1) Le poète Pierre Cardinal fut mis par son père « quand il était petit » à la *Canorguia major* du Puy pour y devenir *chanoine,* et là il apprit bien « les lettres et à lire et à chanter. » (*Biographie du troubadour* par Miquel de la Tour, Chabaneau, *Hist. gén. de Languedoc,* t. X).

(2) Cardinal quitta, en effet, la *Canorguia,* parce qu'il se laissa tenter par « la vanité de ce monde » et devint troubadour. (*Ibid.*).

(3) La généalogie des Le Brun a été établie par M. A. Boudon-Lashermes, dans son *Vieux Puy, Vieux logis et vieilles familles,* Saint-Etienne, 1911, in-4⁰, pp. 374-377.

par une *tenson* spirituelle où il ne sait s'il doit se résoudre
à écouter *Mesure* ou *Légèreté* (*Meyzura o Leujairia*). Mais
son œuvre importante est un *enseignement* de plus de 700 vers
où il donne des conseils aux dames sur leur tenue, leur conduite, et le soin qu'elles doivent mettre à s'instruire, à bien
recevoir leurs hôtes. Quand on lit cette œuvre gracieuse, on
ne peut plus prononcer le mot *barbare* en parlant du douzième siècle (1).

Garin d'Apchier (2), un *comtor* du Gévaudan, de l'illustre

(1) Comme les études faites sur les troubadours contiennent presque toutes
des erreurs grossières et nombreuses, je n'indique que pour mémoire la notice
que L. Pascal a consacrée à Garin-le-Brun dans sa *Bibliographie de la Haute-
Loire*, p. 407. Mais l'œuvre de Garin a fait l'objet d'une très bonne édition
critique due à C. Appel, alors professeur à l'université de *Breslau* (Allemagne).
L'édition a paru dans la *Revue des Langues romanes*, Montpellier, t. XXXIII,
404-409. J'ai moi-même dit un mot du poète et de son œuvre dans « Les Provençalistes du Velay et M. Camille Chabaneau », article des *Mélanges Chabaneau*, Erlangen, 1906, pp. 260-61.

(2) Il s'agit d'un *comtor* de la famille de Châteauneuf-Randon, qui, vers 1160,
épousa Alix, héritière de la baronnie d'Apchier en Gévaudan, et dont le Père
Anselme a donné la généalogie dans *Les grands Officiers de la Couronne*. La
biographie provençale du troubadour se trouve dans Chabaneau, *Biographies
des Troubadours* (*Hist. Gén. de Languedoc*, édit. Privat, t. X). Elle était
connue depuis longtemps et Maurice de Guérin, vers 1840, l'interpréta de façon
à faire de Garin un de ses ancêtres. Cette fantaisie a été recueillie par Aimé
Giron, qui a publié un chant du poète dans les *Fleurs de Montagnes*,
Le Puy, 1868, pp. 143-45. Et L. Pascal, dans sa *Bibliographie de la Haute-Loire*,
p. 406, a répété, d'après ces indications, que Garin était « originaire du Puy »
(et non du Gévaudan) et aurait été en renom à la cour d'Adélaïde de Savoie,
sous Louis VI et Louis VII ; c'est une erreur : la dame qui est nommée dans
les poèmes de Garin était Adelaïde, vicomtesse de Béziers, fille de Raimon V,
comte de Toulouse et de Constance de France. Elle avait épousé un vicomte de
Béziers et eut pour fils le malheureux Raimon-Roger, qui fut pris à Carcassonne en 1209 par les croisés de Simon de Montfort et mourut bientôt en
prison.

La bibliographie donnée par L. Pascal, p. 407, ne doit être consultée que
pour mémoire. L'œuvre de Garin d'Apchier, comme celle de Garin-le-Brun, a
été l'objet d'une édition critique qui a paru dans la *Revue des Langues romanes*,
Montpellier, t. XXXIV, pp. 12-30. Mais cette édition est incomplète et ne donne
pas le sens réel des poèmes. C. Appel, qui en est l'auteur, attribue même à
Garin des chants qui sont de son interlocuteur *Torcafol*. Celui-ci était meilleur
poète que Garin ; c'était le baron-comtor Raimon de Roquefeuil, qui possédait
Meyrueis et une vaste baronnie autour de l'Aigoual.

maison de Châteauneuf-Randon, qui avait des terres en Velay et dont les descendants jouèrent un rôle important dans nos annales, soutint la cause de l'évêque Aldebert de 1173 à 1187. Il s'attira ainsi de vertes répliques de la part d'un adversaire du prélat, ami des Montlaur, qui s'appelait *Torcafol*, corruption de *Rocafol* (Roquefeuil). Cette lutte entre les deux *comtors* provoqua l'échange d'une dizaine de satires qui sont les documents les plus instructifs de l'histoire des Cévennes centrales pendant dix ans.

A Saint-Didier-la-Séauve, le baron *Guillaume* célébra la vicomtesse Bélissende-Marquèze de Polignac, sœur du Dauphin d'Auvergne (1), puis la comtesse Alix de Glane de Roussillon, en Viennois (2). Mais, dans un beau chant de 1180, il poussa à la croisade d'Orient et à celle que l'Espagne chrétienne soutenait contre les Maures (3). Il exposa dans un autre sa croyance catholique et combattit les doctrines albigeoises. (4) Emule de

Les études parues en Gévaudan reproduisent l'édition de C. Appel sans rien corriger, ni ajouter. J'ai préparé moi-même une nouvelle édition, qui est encore manuscrite.

Mandet, que L. Pascal ne cite pas, consacre à Garin dans son *Histoire du Velay*, IV, pp. 369-74, une note fort heureuse, où il traduit bien la biographie du troubadour, mais où il fait de *Comunal*, le pseudonyme qui se donnaient mutuellement Garin et Tarcafol, un jongleur de Garin. Mandet donne ensuite, d'après Lacurne de Sainte-Palaye, la traduction puis le texte de deux pièces ; 1º *Pos Cominal fai ben parer*, qui est de Garin, et 2º *Comtor d'Apchier rebuzat*, qui est de Torcafol (*alias* Raimon de Roquefeuil).

(1) Bélissende-Marquèze était la femme d'Héracle II, que nous avons vu combattre l'Eglise du Puy en 1169-74, puis dévaster Saint-Germain-Lambron et subir une pénitence publique à Brioude en 1181.

Le Dauphin d'Auvergne, Robert Iᵉʳ (1169-1234), que nous reverrons un peu plus loin, était le fils et successeur de Guillaume VII, qui prit part aux guerres de 1169-1174 contre l'église du Puy.

(2) Alix de Glane, comtesse de Roussillon en Viennois, était la femme du comte Artaud III, de cette maison, mort en 1228.

(3) Le chant de croisade commence par le vers suivant :

El temps quan vey cazer fuelhas e flors.

(4) Ce second chant a pour premier vers :

Aisi cum a sas faissos.

Bertrand de Born et d'Arnaud Daniel (1), il fut considéré comme le premier poète de son temps (2).

Ce rang lui fut donné en 1194, par *le Moine de Montaudon*, originaire de Vic-sur-Cère (Cantal), un poète satirique, protégé par les Randon du Gévaudan, le comte Gui II de Montbrison, et surtout par Richard-Cœur-de-Lion, et Alphonse II, roi d'Aragon (3). Le Moine, après avoir quitté le froc, devint

(1) Bertrand de Born a imité un chant de Guillaume, et Arnaud Daniel a échangé des poèmes avec son confrère du Velay.

(2) Guillaume a sa biographie dans le manuscrit I, n° 854 de la Bibliothèque nationale de Paris, qui contient aussi le plus grand nombre de ses poèmes. (V. L. Pascal, *Bibliographie de la Haute-Loire*, pp. 408-9). Elle a été publiée par Chabaneau, *Biographies, Hist. Génér. de Languedoc*, éd. Privat, t. X. p. 358, et Jacotin l'a insérée dans les *Preuves de la Maison de Polignac*, I. pp. 136-7. Au xvi⁰ siècle (1575), Jehan de Nostredame consacra au troubadour un article de son livre *Les plus célèbres poètes provensaux*, etc. Il s'y trouve pas mal d'erreurs concernant Hugo Marescalc.

Les poésies furent en partie publiées par Raynouard, *Choix des poésies originales des Troubadours*, t. II et IV, puis par C. A. F. Mahn, *Werke der Troubadours* et *Gedichte der Troubadours*, M. Bertoni a ajouté à la liste deux chants trouvés dans le ms. Càmpori, de Modène, puis un troisième chant, trouvé dans un manuscrit de Saragosse, aujourd'hui à Barcelone.

Mandet, *Hist. du Velay*, III, 132-48 a consacré à Guillaume une étude bonne pour son temps (1842-1862); mais il fait malheureusement écrire le poète de 1160 à 1185, comme Nostredame, tandis que Guillaume a écrit de 1180 à 1200. Mandet a aussi étudié dans les notes E. F. G. H. une partie des poèmes en s'inspirant de Sainte-Palaye. En 1892, Truchard du Molin fit passer dans sa *Vicomté de Polignac*, chap. IV, une partie de l'étude de Mandet. Quant à M. Doniol, il avait, dans ses *Patois de la Basse-Auvergne*, fait naître Guillaume, non à Saint-Didier-la-Séauve, mais à Saint-Didier-sur-Doulon.

Il n'existe pas encore d'édition critique. En 1904-1905, j'avais commencé une étude de ce genre dans la *Revue forézienne* ; j'ai surtout rétabli les dates de la vie du poète dans *Notes sur les troubadours Guillem et Gauceran de Saint-Didier* (*Annales du Midi*, 1911, pp. 161-179). Enfin, j'ai consacré récemment, dans les *Amitiés foréziennes et vellaves* (décembre 1922, pp. 737-753), une étude à la famille de *Hugo Marescalc* et au poème trouvé à Saragosse. J'ai en manuscrit une étude générale de la vie et de l'œuvre du troubadour. Une édition critique est préparée par M. A. Langfors.

(3) Aucun écrivain du Velay, que je sache, ne s'est occupé de ce troubadour, excepté Mandet, dans un tableau imaginaire *d'une cour d'amour* au Puy en 1265 (*Hist. du Velay*, II, pp. 209 et note, 300, 305-6, 310-20. Ici Mandet attribue à tort au moine une tenson qui n'est pas de lui.

seigneur d'une cour poétique installée au Puy, et porta l'*Epervier* comme signe de sa souveraineté. La cour, admirée par Simon de Montfort lui-même, arma chevaliers les fils de Bertrand de Born et rendit des jugements qui seront encore rappelés plus de soixante-dix ans après, en 1280-85 (1). Le Moine de Montaudon se permit, en 1194, de rédiger contre ses confrères une satire spirituelle qui est restée le tableau de la poésie du temps (2).

Gavaudan, né probablement au Brignon, non loin du Puy, alla combattre les Maures en 1195, et écrivit un chant de guerre à la veille de la malheureuse bataille d'Alarcos. Plus tard, en 1211, il exalta le comte de Toulouse et maudit les

J'ai consacré au Moine en 1908, dans les *Annales du Midi*, l'article : « Le Moine de Montaudon et l'Empereur Othon IV » ; puis j'ai parlé incidemment du troubadour dans « Un roman au Puy et chez les Montlaur. » (*Mémoires de la Société scientifique et agricole de la Haute-Loire*, t. XV, 82, note 2), et dans mes *Notes sur les troubadours Guillem et Gauceran de Saint-Didier*. (*Annales du Midi*, 1911, 165-66).

Aucun de ces passages ne forme une étude complète. Mais il en existe une en Allemagne, due à Philippson : *Der Monch von Montaudon ein provenzalischer Troubadour*, Halle, 1873. En 1885, O. Klein reprit l'étude : *Die Dichtungen des Mœnch von Montaudon*, Marburg. Depuis, M. Bertoni, *Rime*, etc. (*Studj di filologia romanza*, Rome, VIII, 439), a édité un chant qui était inédit. Et M. René Lavaud a donné une étude critique dans les *Troubadours cantaliens*, du duc de la Salle de Rochemaure, Aurillac, 1910, 2 vol. Les textes sont dans le premier volume et les notes et éclaircissements critiques dans un supplément.

(1) La cour poétique du Puy est mentionnée dans la Chanson de la croisade albigeoise, v. 7955, et P. Meyer, commentant ce vers, a rédigé la note la plus complète qui existe sur le sujet. Cf. C. Fabre, *Un roman au Puy et chez les Montlaur* (1229-1231), (*Mémoires de la Société agricole et scientifique de la Haute-Loire*, t. XV).

La cour couronna un poème de Guiraut de Calanson sur le *Ters Amor* (le troisième amour ou amour des Dames), et ce jugement fut rappelé en 1280, à Rodez, sous les auspices du comte Henri II, notamment par le poète Guiraut Riquier. (J. Anglade. *Le Troubadour Guiraut Riquier*, Bordeaux, Paris, 1905, pp. 181-2).

(2) Ce poème a été édité et traduit bien des fois, notamment par P. Meyer, dans *les derniers Troubadours de la Provence* (dernière partie de l'étude). Comme le Moine de Montaudon est devenu dans le livre de Jehan de Notre-Dame (1575) sur les Troubadours, le Moine de Montmajour (d'Arles), M. J. Anglade a réétudié le poème dans sa récente édition de *Jehan de Nostredame*, Paris, Champion, 1913.

croisés de Simon de Montfort. Ces chants guerriers ne l'empêchèrent point d'inaugurer en Velay « en face du Mézenc », le genre gracieux de la pastourelle (1).

En Auvergne, *Peyrol*, adressa de respectueux hommages à Na Saïl de Claustra, sœur du Dauphin et baronne de Mercœur ; il vécut jusqu'en 1220, se rendit à la croisade de Damiette en 1219, et, à son retour, dédia un poème à l'empereur Frédéric II, qu'on attendait impatiemment en Orient (2).

Pons de Chapteuil, marié en Auvergne, célébra une autre baronne de Mercœur, Alazaïs d'Anduze. Mais il porta aussi ses hommages aux pieds de la belle *Audiard*, femme de Roncelin, vicomte de Marseille. Il fut mêlé aux événements tragiques d'Auvergne en 1213, traité par Philippe-Auguste en rebelle et félon, et dépouillé en même temps que son suzerain, le comte Gui II. Alors, il se tourna vers le roi d'Aragon, Pierre II, et, dans trois poèmes parfaits de forme, entonna la trompette de la croisade. Il serait allé mourir, en effet, en Orient vers 1227 (3).

(1) Sur le troubadour Gavaudan, il existe une édition critique, due à M. A. Jeanroy, et parue dans la *Romania*, t. XXXIV, 1905, pp. 497-539. Je me suis inspiré de cette édition pour rédiger, en 1909, *Le Troubadour Gavaudan et le Velay* (*Mémoires de la Société scientifique et agricole de la Haute-Loire*, t. XVI (1909-1910), pp. 64-84). Cette étude ajoute quelques renseignements biographiques à celle de M. A. Jeanroy, montre les rapports de l'œuvre du troubadour avec celles de Guillaume de Saint-Didier et de Pons de Chapteuil, et réédite les deux *pastourelles* de Gavaudan, parce que la scène de ces deux poèmes est « en face du Mezenc » et probablement au Brignon.

(2) Peyrol fut un poète très fécond, mais il ne nous intéresse réellement ici que parce qu'il fut le protégé du Dauphin d'Auvergne et célébra Na Saïl de Claustra, baronne de Mercœur, sœur du Dauphin et de Bélissende-Marquèze, vicomtesse de Polignac. Il est cité dans le poème satirique où le Moine de Montaudon a fustigé ses confrères. Son œuvre n'a pas encore donné lieu à une étude d'ensemble et critique.

(3) Pons de Chapteuil a une belle notice dans Mandet, *Hist. du Velay*, III, 207-231 et notes ABCDEFG. Malheureusement, cette étude fait vivre Pons vers 1150. L. Pascal, dans sa *Bibliographie de la Haute-Loire*, 402-3, évite de donner une date, mais ajoute au travail de Mandet l'énumération des poèmes, énumération qui figure dans le *Catalogue des manuscrits français de la Bibliothèque nationale de Paris*, nos 854 et 856. En 1905, j'entrepris moi-même de relever les erreurs commises par Mandet, et je publiai dans les *Mémoires de la Société*

Perdigon, né à Lespéron, près de Pradelles, devint un favori du Dauphin d'Auvergne, mais abandonna son protecteur pour se mettre au service de la croisade contre les Albigeois et célébra alors Alix de Montmorency, femme de Simon de Montfort. La mort de celui-ci devant Toulouse en juin 1218, le priva de tout protecteur et il dut se réfugier dans un cloître (1).

Mais, en face de lui s'était dressé *Pierre Cardinal,* du Puy. Celui-ci appartenait à une famille qui sera importante en Velay jusqu'au xv⁵ siècle. Elevé à la *Canorguia Major,* c'est-à-dire, à l'école du Chapitre du Puy, il la quitta à vingt ans, vers 1204, et se consacra à la poésie. Des satires sur l'amour, puis des poèmes contre la décadence des vertus chevaleresques où il ne craint pas de faire l'éloge des *routiers* et de leurs vaillants capitaines, furent vraisemblablement ses premières œuvres. Mais ensuite il se rendit à Toulouse et en Auvergne (1204-1213) et flétrit avec énergie l'œuvre de sang de Simon de Montfort, tandis qu'il déplorait les malheurs de Gui II. Sa carrière se prolongea longtemps après ces dates, puisqu'il mourut centenaire vers 1284. Il alla probablement, comme Peyrol, à la croisade de Damiette en 1219, et nous aurons à

agricole et scientifique de la Haute-Loire, t. XIV (1905-1906), pp. 25-51, *Le troubadour Pons de Chapteuil, quelques remarques sur sa vie et sur l'esprit de ses poèmes.* Je pus montrer ainsi que le poète avait écrit surtout, non en 1150, mais au début du xiii⁵ siècle, et particulièrement de 1213 à 1219. Dans ce travail, je mentionnai une édition critique, très faible d'ailleurs, due à Von Napolski, et remontant à 1879-1880, *Leben und Werke des Trobadors Ponz de Capduolh,* Halle. — L. Pascal n'a pas signalé cette édition. M. Kastner, professeur à l'université de Manchester (Angleterre), en prépare une nouvelle.

(1) Perdigon nous intéresse parce que Lespéron, où il est né, était une localité dépendant au xii⁵ siècle de Luc et de Pradelles. Sans entrer dans les détails, je signale que son œuvre a été l'objet d'une excellente étude critique dans les *Annales du Midi,* XXI, 1909, pp. 153-68 et 312-27. Elle est due à M. H. J. Chaytor, et a pour titre *Les poésies du troubadour Perdigon.* Je travaillais au même moment à une étude semblable qu'aurait accompagnée une étude historique et littéraire. Je publiai donc cette dernière dans la *Revue du Vivarais* 1913-1914. Rien n'a été ajouté depuis à ce travail, qui contient, au début, un rappel des études antérieures, et, par conséquent, toute la bibliographie désirable.

reparler de son œuvre, qui est un des monuments les plus
éloquents de l'histoire du Velay et du Midi jusqu'après 1275 (1).

Et ce mouvement poétique avait fleuri surtout sous la protection éclairée du Dauphin d'Auvergne, Robert 1er (1169-1234),
un seigneur instruit et libéral, dont les sœurs, que nous avons

(1) J'ai relevé, dans les archives du Puy, plus de cent documents concernant la
famille Cardinal, et je viens de publier dans les *Amitiés foréziennes et vellaves*
(septembre-décembre 1924) une partie de ces documents ; ils concernent justement un *Pierre [Cardinal] de Ferrières*, que Jehan de Nostredame a confondu
avec le poète, mais qui était vraisemblablement un de ses neveux. Comme le
personnage mourut en 1308, grand-vicaire du royaume de Sicile et archevêque
d'Arles, on voit l'importance de la famille Cardinal dans l'histoire. D'ailleurs,
à la fin de la même étude, je signale : 1o Jean Cardinal, qui fut chanoine du
Puy dès 1252, devint successivement fordoyen du chapitre cathédral et vicaire
général, et mourut en 1305 ; 2o Odon Cardinal, qui devint abbé de Séguret et
alla mourir en 1326 à la cour du Pape Jean XXII, en Avignon.

Mandet, *Hist. du Velay*, III, 259-96, et notes AA (338-64) a consacré à Cardinal une étude très méritoire, mais empruntée surtout à Millot. Il place sa
carrière en 1185 ; or, c'est le moment où naît Cardinal, qui a vécu 100 ans et
chantait encore en 1273. C'est dire que l'étude n'a qu'une valeur historique
très médiocre. D'ailleurs, à la page 185, Mandet, s'inspirant de Jehan de Nostredame, dit que Cardinal mourut en 1306, ce qui ne s'accorde pas avec la date
de 1185 placée en tête de l'article. L. Pascal, *Bibliographie de la Haute-Loire*,
pp. 404-405, adopte les dates 1206-1306 de Nostredame et reste très sobre de
renseignements, se contentant ensuite de relever la liste des chants publiée
déjà par le *Catalogue des manuscrits français* de la Bibliothèque nationale,
nos 854 et 856.

En réalité, toute l'étude de la vie et de l'œuvre de Pierre Cardinal est à
reprendre. Je travaille à cette tâche depuis vingt ans, et j'ai déjà éclairci
quelques points, soit de l'œuvre, soit des erreurs commises, 1° dans une étude
parue en 1909 dans les *Annales du Midi* (*Etudes sur Peyre Cardinal, Estève
de Belmont*) ; 2o dans la publication et l'étude d'un *poème inédit de Peire Cardinal*, dans la *Romanic Review*, New-York, Juillet-septembre 1920 ; 3o dans
l'étude que j'ai analysée ci-dessus et concernant *Pierre [Cardinal] de Ferrières*.
Je ne donne donc aucune bibliographie d'ensemble, puisque ce serait égarer le
lecteur que d'en donner une. Cependant l'*Histoire littéraire de la France*, t, XX,
569, a vu juste en fixant à 1225-1226 un poème de Cardinal qu'y étudie Emeric
David. Quelques chants du troubadour sont encore inédits ; d'autres ont été
publiés par fragments seulement ; une étude critique n'a été tentée par
Bartsch ou Carl Appel dans leurs *Chrestomathies provençales* (*passim*) que pour
un petit nombre d'entre eux. Cependant, la plupart des chants ont été relevés
soigneusement par Raynouard et publiés dans ses *Choix des poésies originales
des troubadours* (*passim*) et dans son *Lexique roman*, t. I.

mentionnées, étaient mariées à Héracle de Polignac et à
Béraud de Mercœur, et furent célébrées par Guillaume de
Saint-Didier et Peyrol. Le Dauphin était poète lui-même : il
écrivit des satires contre l'évêque de Clermont, son cousin, et
soutint généreusement Gui II contre ce prélat et Philippe-
Auguste. Il a tensonné avec Richard-Cœur-de-Lion et fait
l'éloge de son père Henri II et de ses frères, Henri au Court
Mantel et Geoffroy de Bretagne. Il a fait aussi l'éloge des
grands chefs des routiers, *Lobat* et *Mercadier*, et celui de
Margarit, un amiral de Sicile qui s'illustra contre Saladin. Il se
permit même d'exalter la valeur et l'esprit de justice des
diverses dynasties musulmanes de l'Espagne et du Maroc
jusqu'en 1200. Son œuvre, encore presque inconnue et dispersée, fait le plus grand honneur à son esprit et à son
époque (1).

(1) L'histoire du Dauphin d'Auvergne, Robert 1er (1169-1234), peut être
reconstituée sans difficulté, grâce aux ouvrages de Justel et de Baluze. L'étude
de l'œuvre du poète est plus délicate. On doit consulter d'abord la *Biographie
provençale* publié par Chabaneau dans l'*Hist. gén. de Languedoc*, éd. Privat,
t. X. Le poème de Richard-Cœur-de-Lion et la réponse du Dauphin se trouvent dans Raynouard, *Choix des poésies originales des Troubadours*. J'ai publié
moi-même dans *Le Troubadour Perdigon*, Aubenas, 1914, p. 19, la traduction
d'une tenson du Dauphin et de Perdigon, avec quelques renseignements sur le
Dauphin lui-même. L'éloge de Henri II et de ses fils, ainsi que ceux de Lobat,
de Mercadier et de Margarit, puis la glorification des dynasties musulmanes
de l'Espagne jusqu'en 1200, se trouvent dans une nouvelle écrite par un troubadour de la Catalogne, Raimon Vidal de Bezaudun, et qui commence par le
vers *Abrils issia e mais intrava* (Avril sortait et Mai entrait). Cette nouvelle,
étudiée successivement par plusieurs provençalistes, a été, en 1905, l'objet
d'une édition critique par Wilhelm Bohs, dans les *Romanische Forshungen* ;
mais cette édition est très faible, et n'éclaircit presque rien dans les longs et
beaux passages qui sont prêtés au Dauphin. Ajoutons que la même nouvelle
est un *enseignement* pour un jeune jongleur qui raconte lui-même ce que le
Dauphin lui avait dit un soir de Noël dans son palais de Montferrand. Or, ce
jeune jongleur, étant donnés les voyages qu'on lui prête de Riom et de Montferrand au Puy, en Provence, à Toulouse, et enfin en Catalogne, et cela entre
1204 et 1207, serait vraisemblablement Pierre Cardinal lui-même. On voit ainsi
combien cette nouvelle intéresse à la fois l'Auvergne et le Velay. Or, elle est un
tableau remarquable de l'histoire et de la poésie du temps.

    Lobat est cité aussi avec éloge dans un poème de Cardinal. Son nom paraît
également dans le *Garlambey de Rambaud de Vaqueiras* que j'ai publié dans

Les péripéties du Consulat du Puy. — Les évêques. — Interventions royales (1229-1343).

Les évêques du Puy, devenus maîtres de la province, furent des vassaux fidèles du roi de France. En 1139, Louis IX envoya à Bernard de Montaigu une épine de la *Sainte Couronne*, et le culte des reliques donna une popularité croissante au pèlerinage du Mont-Anis (1).

Mais la ville consulaire était défiante. Dès qu'elle eut conquis ses franchises, elle s'entoura de murs (2); la cité épisco-

les *Mémoires de la Société agricole et scientifique de la Haute-Loire*, t. XV, 1907, pp. 46-56. Il guerroya surtout en Limousin en 1176; en 1182, il extermina, en Berry, les *Chaperons blancs* du Puy, connus sous le nom de *Capuciatos* ou « jurés d'Auvergne », et dont Etienne de Médicis, puis Odo de Gissey nous ont laissé l'histoire obscure et un peu légendaire. Le chef des Chaperons, qui s'appelait *Corbaran*, comme le général turc du siège d'Antioche sous Adhémar de Monteil, fut tué avec les conjurés et sa tête fut envoyée au Puy. Médicis et Odo de Gissey appellent Lobat *Luparius* ou *Lupaire*.

Mercadier succéda à Lobat comme *prince des routiers* en 1198. Originaire du Périgord, il était le premier général de Richard-Cœur-de-Lion, et guerroya avec lui en Berry, en Normandie, en Beauvaisis et dans le Limousin. Il fut assassiné à Bordeaux en 1200.

L'histoire de *Margarit*, encore incomplètement connue, se trouve dans les chroniques du temps, c'est-à-dire, dans la Chronique de Saint-Denis et dans Mathieu Paris, ainsi que dans les *Historiens Occidentaux des Croisades*. Il combattit, non seulement contre Saladin, mais contre l'Empire de Constantinople. L'Empereur d'Allemagne, Henri VI, devenu roi de Sicile, le créa *prince de la mer*, mais lui fit ensuite crever les yeux (1196). Margarit voulait, même en étant aveugle, organiser, en 1200, une expédition contre Constantinople, avec l'appui de Philippe-Auguste; mais il fut assassiné à Rome la même année, à son retour de Paris.

(1) Médicis, I, p. 35, note de Chassaing. — Frère Théodore, p. 60. — *Gall. Christ.*, 1720, II, col. 714. — Arnaud, I, 174. — Mandet, IV, note, p. 93. — A. Jacotin, *Bulletin de la Société scientifique et agricole de la Haute-Loire*, 1914, pp. 216-218. — U. Rouchon, *Amitiés Foréziennes et Vellaves*, I, 418. — Abbé Vanel, *ibid.*, II, pp. 809-818.

(2) La construction des remparts du Puy remonte à 1236. V. Médicis, I, 209-10. Cf. mon étude sur des *documents d'histoire trouvés au xvi⁰ siècle dans des livres de Pierre Cardinal* (*Archivum Romanicum*, Genève, 1919, pp. 327 et 344).

pale avait aussi ses remparts. Elle n'en fut pas moins envahie en 1239 par les citoyens dont on réclamait trop d'impôts. L'évêque fut vainqueur, grâce surtout à l'activité de son bailli, le chanoine *Estève de Belmont* que Cardinal traita d'assassin et de Caïn dans quatre poèmes successifs (1). L'Eglise d'Anis s'empara même de Chapteuil.

En 1241, l'Auvergne fut donnée en apanage à Alphonse de Poitiers, qui la gouverna jusqu'en 1271, assez paisiblement, mais en confiant un rôle exorbitant aux Frères Prêcheurs ou dominicains. Ceux-ci s'étaient établis au Puy en 1222, et leur couvent devint rapidement le centre de l'activité politique de la région (2).

En 1248, Louis IX, s'embarqua à Aigues-Mortes pour sa première croisade. Le baron Héracle de Montlaur, lui écrivant du château d'Arlempdes, lui envoya ses deux fils et lui fit hommage de deux châteaux (3). A son retour d'Orient, en 1254, le roi, venant de Nîmes et d'Alais, vint s'agenouiller aux pieds de la Vierge d'Anis avec la reine Marguerite de Provence. Celle-ci, dit-on, laissa sa propre couronne à la cathédrale, et le roi fit don de la célèbre *Vierge noire* (4). En tout cas, celle-ci devint l'objet d'un culte qui, dès l'année suivante, causa une catastrophe : quatorze cents pèlerins périrent étouffés dans une procession (5).

(1) J'ai étudié les quatre poèmes écrits par Pierre Cardinal contre *Estève de Belmont* dans les *Annales du Midi*, 1909.

(2) *Médicis*, II, 188-9, note de Chassaing. — *Odo de Gissey*, 374-75. — *Gall. Christ.*, II, col. 711.

(3) J'ai publié la lettre d'Héracle de Montlaur à Louis IX dans les *Annales du Midi*, 1912 (Etude sur *Guida de Rodez, baronne de Posquières, de Castries et de Montlaur, inspiratrice de la poésie provençale*).

(4) Le voyage de Louis IX au Puy est mentionné par tous les historiens du Velay. — Pour ce qui concerne la couronne de Marguerite de Provence, v. le Frère Théodore, 293. Le même écrivain signale, p. 291, le don de la *Vierge noire*. Mais l'histoire de cette statue, histoire qui se trouve aussi dans les œuvres déjà citées d'Odin, de Mathurin des Roys, etc., est très controversée. Le lecteur qui tiendrait à se renseigner sur la controverse pourrait consulter avec fruit les deux ouvrages suivants parus à l'occasion du Jubilé de 1921 : 1º Boudon-Lashermes, *Le grand Pardon de Notre-Dame du Puy* ; 2º Dr Olivier, *L'ancienne statue romane de Notre-Dame du Puy, Vierge noire miraculeuse; essai d'iconographie*.

(5) La catastrophe de 1255 est relatée par Médicis, I, 188-191, qui rappelle

Le roi était resté trois jours au Puy, les 9, 10 et 11 août ; il en repartit pour Clermont, passant par Brioude et Issoire. Mais son voyage fut onéreux pour les villes. Il y perçut un droit de *gîte* qui s'éleva à 360 livres pour Le Puy et 100 livres pour Brioude.

Il est vrai que le même roi affranchit, quelques années après, le diocèse du droit de *régale* (1). Cette mesure fut prise en faveur d'un évêque qui devait avoir une haute destinée. C'est *Gui Folqueis* ou *Guido Fulcaudi*, qui occupa le siège d'Anis de 1257 à 1260. Né à Saint-Gilles, vers 1200, il avait été chevalier et marié et avait eu deux filles. Mais, sa femme étant morte prématurément, il avait revêtu l'habit des Frères Prêcheurs et était devenu le premier jurisconsulte de son temps. Blanche de Castille et Alphonse de Poitiers l'avaient chargé de régler dans le Midi les affaires les plus délicates, et il avait aidé Alphonse à recueillir la succession de Raimon VII, comte de Toulouse, après 1249. Le roi l'avait nommé membre de son Conseil et chargé, en 1254, de surveiller la gestion de ses sénéchaux dans le Midi. Au Puy, Gui, toujours conseiller du roi, fut la vraie providence du diocèse : il devint chanoine-comte de Brioude, resserra les liens de son église avec l'abbaye de la Chaise-Dieu, et donna un règlement à la maladrerie de Brives. Il composa même un poème en langue d'oc sur les *Sept Joies de la Vierge*, et prit ainsi rang parmi les troubadours, dont il fut le protecteur constant. En 1260, il obtint l'archevêché de Narbonne, devint cardinal l'année suivante, et enfin souverain pontife en 1265. Sur la chaire de Saint Pierre il continua à penser au Velay et promulgua une douzaine de bulles en faveur de son ancienne église. Deux de ces bulles, connues sous le nom de *clémentines*, réorganisent

une mention trouvée dans un livre de Pierre Cardinal : là, la catastrophe est appelée *mortondatz* (étouffement, mortalité), et j'ai moi-même étudié le texte dans l'*Archivum romanicum*, Genève, 1919, 345-46. D'ailleurs, tous les historiens du Velay ont raconté ce triste événement. (V. particulièrement la *Gallia Christ.*, II, col. 716.)

(1) La question de la *régale* a été étudiée par Ch. Rocher : *La royauté en Velay, La Régale*, etc. (*Tablettes du Velay*, t. IV, 149-176.)

l'école de la cathédrale et sont les documents les plus importants qui concernent cette école (1).

En 1277, la ville du Puy se révolta de nouveau contre son évêque, et le bailli du prélat fut victime de l'émeute. L'évêque, Guillaume de la Rouë, successeur de Gui Folqueis lui-même, se vengea cruellement. Sur sa plainte, le parlement de Paris supprima le consulat. Quelques émeutiers furent pendus et la ville frappée d'une amende ruineuse de 30.000 livres. Philippe-le-Hardi confirma l'arrêt du parlement, et, à l'occasion d'un voyage qu'il fit dans le Midi en 1283, vint au Puy même, avec le sénéchal de Beaucaire, recevoir l'hommage de l'évêque et des habitants. Il se fit remettre les clefs des deux villes (l'épiscopale et la consulaire) et les confia à son sénéchal (2).

Celui-ci, un an auparavant, avait fait concourir les gens du Velay à une expédition contre Montpellier, une ville du roi de Majorque, qui dut en hâte solliciter la paix en donnant quatre-vingts otages, et n'échappa qu'à grand'peine à l'emprise du roi de France (3).

En 1306, Philippe-le-Bel, qui était venu au Puy en 1285 (4), établit le *paréage*, c'est-à-dire prit la moitié de l'administration de la ville et de la province, et y établit une cour royale à côté de celle de l'évêque. Celui-ci eut la maigre consolation d'être associé, en échange, au gouvernement du roi dans la ville d'Anduze (5).

(1) Ce qui est relaté ici concernant *Gui Folqueis* (*alias* pape Clément IV) est le résumé de la longue étude que j'ai publiée moi-même dans les *Mémoires de la Société scientifique et agricole de la Haute-Loire*, t. XVI, 1909-1910. pp. 257-455. *Les sept Joies de la Vierge.*

(2) Médicis, I, 214-216. Cf. l'étude que j'ai consacrée dans l'*Archivum romanicum*, Genève, 1919, 326-54, à des *documents d'histoire trouvés au* XVIe *siècle dans des livres de Pierre Cardinal et de sa famille* (1218-1286).

(3) Voir l'étude indiquée dans la note précédente et parue dans l'*Archivum romanicum*, Genève, 1919, 347-52.

(4) J'ai étudié dans le *Bulletin de la Société académique de la Haute-Loire*, 1924, le voyage de Philippe-le-Bel au Puy à la Toussaint de 1285. Le jeune monarque arriva ici venant de Perpignan, y réunit son conseil privé et résolut les dernières affaires provoquées par la révolte de 1277, ainsi que plusieurs autres questions concernant la région de Nîmes, d'Aigues-Mortes et de Montpellier.

(5) Le texte de la charte du paréage se trouve dans le recueil des *Ordonnances*

.Cependant, la famille Cardinal, du Puy, s'était illustrée au milieu de ces événements parfois malheureux. Le troubadour, Pierre, que nous avons vu écrivant en 1239 des satires violentes contre Estève de Belmont, avait ensuite, de Marseille, où il s'était rendu depuis longtemps, écrit sur la politique du temps, et particulièrement sur celle de l'empereur Frédéric II, des poèmes qui sont de précieux documents d'histoire et lui vaudront de nombreux disciples pendant un siècle. Toujours ennemi implacable de l'Eglise. qui l'avait pourtant élevé, protecteur des hérétiques, probablement vaudois lui-même, il était devenu l'ami de l'illustre roi d'Aragon, Jacques Ier, seigneur de Montpellier (1213-1276); il était mort centenaire vers 1284 (1).

Un de ses neveux, Jean, resté fidèle à l'Eglise, était devenu vicaire général et avait réellement gouverné la province de 1250 à 1305. Il avait notamment défendu l'œuvre de Clément IV (Gui Folqueis) au concile de Lyon, en 1274. Enfin, on a retrouvé au xvie siècle, dans ses livres et dans ceux de son oncle, le poète, un précis de l'histoire du Puy de 1218 à 1284 (2).

La gloire de la famille ne s'éteignit pas avec lui. Un *Pierre Cardinal* [*de Ferrières*], que Nostradamus a confondu avec le troubadour, mais qui est évidemment son petit-neveu, devint un célèbre professeur de droit, si bien que le pape Boniface VIII le choisit pour son chapelain en 1294, lui confia le doyenné de l'église du Puy et le désigna comme chancelier à Charles II, roi de Naples et comte de Provence. En cette qualité de chan-

des *rois de France*, 1741, VI, 341 et suivantes. — Cf. *Médicis*, I, 91-99, et Mandet, *Hist. du Velay*, IV, 105-110.

(1) Ces renseignements sur Pierre Cardinal ne se trouvent encore nulle part, et je les donne d'après mes études personnelles non encore imprimées.

(2) La carrière de Jean Cardinal est encore inédite. J'ai pu la reconstituer par des études personnelles encore manuscrites, à l'aide d'une centaine de chartes du temps qui se trouvent dans les archives de l'Hôpital du Puy ou dans les archives départementales, et dont quelques-unes ont paru dans les *Preuves de la Maison de Polignac* de A. Jacotin, les *Tablettes du Velay*, les *Hommages de l'évêché du Puy*, de Lascombe. — La défense des bulles de Clément IV est indiquée dans mon étude sur les *Sept Joies de la Vierge*, de Gui Folqueis, *Mémoires de la Société scientifique et agricole de la Haute-Loire*, t. XVI, 1909-1910, p. 451. Enfin, j'ai résumé la carrière du personnage dans l'*Archivum romanicum*, Genève, 1919, 338-43.

celier, il fournit, pendant douze ans, une carrière admirable, dirigea l'administration et les guerres de son roi, maria ses filles, prépara la canonisation de Louis d'Anjou, fut l'arbitre de toute l'Italie et réorganisa la justice en Provence. Successivement évêque de Lectoure (1299), évêque de Noyon et pair de France (1301), et archevêque d'Arles (1304), il mourut à Naples en 1308, après avoir préparé la carrière prestigieuse de son ami Jacques Duèse, qui lui succéda comme chancelier de Sicile et deviendra pape en 1316, sous le nom de Jean XXII (1).

Peu après la mort de Pierre Cardinal de Ferrières, les Templiers, qui avaient une commanderie au Puy et des biens importants en Velay et en Auvergne, furent chassés de la région comme du reste du royaume, et leurs biens passèrent aux chevaliers de St-Jean-de-Jérusalem, qui, eux, resteront au Puy jusqu'à la Révolution (2).

En 1317, le pape Jean XXII disloqua le grand diocèse de Clermont et créa celui de Saint-Flour dont dépendit désormais la région de Brioude jusqu'à la Révolution.

De 1318 à 1326, le Velay put s'enorgueillir d'un évêque, Durand de Saint-Pourçain, qui fut un écrivain renommé et un théologien d'autorité auprès de la cour pontificale d'Avignon où il avait été lecteur du Sacré Palais.

L'affranchissement des communes avait, entre temps, gagné jusqu'aux localités rurales. Chapteuil avait eu sa charte en 1253, Léotoing en 1264 (3), Roche-en-Régnier en 1265 (4),

---

(1) L'histoire de *Pierre* [*Cardinal*] *de Ferrières* vient de paraître par mes soins dans les *Amitiés Foréziennes et Vellaves*, nᵒˢ de septembre-décembre 1924.

(2) A. Chassaing, *Cartulaire des Templiers du Puy-en-Velay* et *Cartulaire des Hospitaliers*.

(3) A. Chassaing, *Spicilegium Brivatense*, pp. 107-109, charte 50 : « Charte de coutumes et privilèges, accordée par Hugues Dauphin et Robert Dauphin, comte de Clermont, aux habitants de Léotoing ».

(4) Truchard du Molin, *La baronnie de Roche-en-Régnier*, Paris, 1874, pp. vi-xvi (Documents). — La charte est octroyée par le baron Guigue III *super franchesa, libertatibus et consuetudinibus*, (sur les franchises, les libertés et les coutumes). (Voir aussi la *charte d'Artias* (1265) publié par M. U. Rouchon, *Bulletin historique et philologique du Ministère de l'Instr. publique*, 1906, pp. 424-443.)

Auzon vers la même date (1), La Roche-près-Brioude en 1291 (2).
Parfois, ces chartes se flattaient de ressembler à celle du Puy.
Et le Puy recouvra ses franchises en 1343, mais à bons deniers
comptants qu'elle versa au roi Philippe VI de Valois. D'ailleurs,
le pape refusa de ratifier l'ordonnance royale et le Consulat
ne rentra dans tous ses droits qu'en 1383 (3).

Pendant la guerre de Cent Ans et le règne
de Louis XI (1343-1498).

Le pape, qui avait refusé le consulat au Puy, connaissait
pourtant bien la région. C'était Clément VI, un ancien moine
de la Chaise-Dieu, qui voulut être enterré dans son ancien

(1) A. Chassaing, *Spicilegium Brivatense*, pp. 91-97, charte 43. « Charte de
consulat et de coutumes accordée par le comte Alphonse [de Poitiers] et
Bompar d'Auzon, coseigneurs d'Auzon, aux habitants de la ville d'Auzon ».

(2) A. Chassaing, *Spicilegium Brivatense*, pp. 190-198, charte 83 : « Charte
de coutumes et privilèges accordée par Jean, seigneur de La Roche, aux habitants de la Roche-près-Brioude ».

En publiant ainsi les chartes d'Auzon, de Léotoing et de La Roche, A. Chassaing écrit (p. v) qu'il regrette de n'avoir pas découvert celles d'Allègre (1263),
de Chomelix (juillet 1271), de Vieille-Brioude (1277). Sur ces dernières chartes,
M. Ulysse Rouchon, *Bulletin historique et philologique du Ministère de
l'Instruction Publique*, pp. 424-25, donne quelques renseignements supplémen-
taires. Il signale ensuite celle de Vieille-Brioude, puis analyse celle de Chapteuil (1253), publiée par A. Chassaing dans la *Nouvelle Revue historique du
droit français et étranger*, celle de Pradelles (1269), parue dans les *Preuves
de la Maison de Polignac*, I, 261, et enfin, celle de Saint-Didier-La-Séauve,
parue dans les mêmes *Preuves*, II, 59, mais qui est bien postérieure au mouvement que nous signalons, puisqu'elle est de 1372.

(3) Tous les historiens du Velay ont naturellement relaté le rétablissement du
Consulat au Puy (Voir notamment Arnaud, *Hist. du Velay*, I, 204). « La ville
versa 4.000 livres tournois de faible monnaie et 15 livres de forte monnaie ». —
Médicis, I, 220, donne le texte de l'ordonnance royale, qui mentionne, en effet,
4.000 livres plus 15 *fortis monete*. — Mais nos historiens ont ignoré la confir-
mation par le pape Clément VII (d'Avignon) en 1383. Cependant, Médicis (I,
224) indique que ce pape confirma bien, le 15 avril 1382 (v. st.) ces privilèges
accordés par Philippe VI, et la bulle pontificale est conservée sous verre aux
archives de la mairie du Puy.

couvent. Il en avait fait reconstruire les bâtiments et l'église,
et l'architecture du Palais des papes d'Avignon fut, à cette
occasion, transportée dans nos montagnes. Clément VI avait,
d'ailleurs, avec le cardinal Bertrand, ancien doyen du Puy,
peuplé sa cour de personnages du Velay. Mais Pierre Bertrand
était, comme le pape, un défenseur convaincu des privilèges
ecclésiastiques et considérait comme attentatoires à ces privilèges légitimes les libertés communales (1).

En Auvergne, la première famille de Mercœur, suzeraine
d'une partie de la région de Brioude, jusqu'au sud de Saugues,
s'était éteinte; mais la baronnie était passée, par les femmes,
aux Dauphins d'Auvergne, et justement le Dauphin Béraud II,
baron de Mercœur, joua un rôle de premier plan dans la guerre
de Cent ans. Il combattit à Poitiers, en 1256 où le roi Jean fut
vaincu et fait prisonnier. Mais, l'année suivante, à la tête de la
noblesse d'Auvergne, du Velay et même du Limousin, il força
à la retraite Robert Knoles, qui avait envahi ses terres par
la région de Saugues. Il dut cependant se rendre, comme otage
du roi, en Angleterre où il resta treize ans. Pendant ce temps,
les partisans du roi de Navarre, Charles-le-Mauvais, ravagèrent
l'Auvergne et le Velay, de concert, d'ailleurs, avec les grandes
compagnies (2).

Duguesclin délivra enfin le pays de ces fléaux, mais mourut trop tôt, en 1380, au siège de Châteauneuf de Randon. Le
Puy lui fit des funérailles solennelles et garda ses entrailles
dans un tombeau de l'église des Frères Prêcheurs (3).

La mort de Charles V, survenue presque en même temps,
fut le signal de nouveaux malheurs. Les frères du roi défunt

---

(1) La carrière du pape Clément VI est rapportée par Truchard du Molin
dans la *Baronnie de Bouzols*, 1870, pp. 22 et suivantes. Les funérailles du
pape à la Chaise-Dieu sont rappelées dans le même ouvrage, p. 25, d'après
Dominique Branche, *L'Auvergne au Moyen Age*, pp. 245-46.

(2) La meilleure notice concernant Béraud II, Dauphin d'Auvergne et baron
de Mercœur (1356-1400), est celle de l'*Art de vérifier les dates*, éd. de 1774, II,
p. 866.

(3) La mort du connétable Duguesclin est racontée dans toutes les histoires
qui concernent ce grand homme, et rappelée dans les histoires courantes de la
France. — Au Puy, le récit le plus circonstancié est celui de Médicis, I, 230-31.

prirent la régence pendant la minorité de leur neveu Charles VI, et le duc de Berry gouverna spécialement les régions du Centre et du Midi. C'était un très grand seigneur, ami des arts et des livres, qui ne mourut qu'en 1410. Duc de Berry et d'Auvergne, même de Mâcon, il demeurait généralement à Nonette quand il n'était pas à Paris. Il fit reconstruire le château de cette place forte de l'Auvergne et administra la région avec le concours de Béraud de Mercœur. Mais ses besoins d'argent et sa vie somptueuse lui firent pressurer les populations (1) ; en 1396, Béraud dut céder une partie de ses terres de Saugues au chapitre de cette ville qui ne pouvait plus se suffire (2).

Béraud se rendit à la bataille de Roosebecke (1382), où il combattit parmi les chevaliers attachés à la personne du jeune roi. Puis, celui-ci entreprit un voyage dans le Midi et vint au Puy comme autrefois les rois Capétiens. La ville le reçut avec pompe et le roi commença à être surnommé le *bien aimé* (3). Hélas ! on sait ce qui arriva. Frappé de démence, il dut de nouveau laisser le gouvernement à ses oncles, et les tragédies se succédèrent à la cour, tandis que recommençait l'invasion étrangère et que le grand schisme d'Occident divisait l'Église (4). Le Velay, malgré la cour, semblait rester fidèle au pape d'Avignon, Benoît XIII, et c'est au nom de ce pontife qu'un seigneur d'Apchier, renouvelant les exploits des anciens croisés, se ren-

(1) La meilleure notice concernant Jean, duc de Berry, est celle que lui a consacrée l'*Art de vérifier les dates*.

(2) La charte de Béraud en faveur du chapitre de Saugues a été publiée par Aymard en 1850 dans les *Annales de la Société académique du Puy*, t. XIV, 177. Le texte est en langue d'oc et M. Aymard l'a très mal relevé ; une nouvelle édition du document s'impose, et elle est possible ; la charte originale en parchemin est conservée à la bibliothèque municipale du Puy, dans les papiers légués par M. Aymard.

(3) Charles VI vint au Puy le 24 mars 1395 (Médicis, I, 282). Il était accompagné de ses oncles, les ducs de Berry et de Bourgogne, et de plusieurs autres grands barons, chevaliers et écuyers. »

(4) J'ai exposé moi-même quelques phases du grand schisme d'Occident, en publiant dans les *Annales du Midi* (1916) un document catalan inédit des archives de l'Hôpital du Puy concernant les quêtes qu'on faisait en Catalogne pour Notre-Dame du Puy. — Pour l'histoire générale du schisme, il y a lieu de consulter Fleury, *Histoire ecclésiastique*.

42   C. FABRE

dait en Orient en 1404 (1). Pendant ce temps, le maréchal de
Boucicault, seigneur du château de Bouzols aux portes du
Puy, gouvernait habilement et fermement la république de
Gênes, qui s'était donnée au roi de France (2).

Mais la défaite d'Azincourt (1415), fit rentrer l'anglais au
cœur du royaume, et Boucicault, prisonnier, fut emmené Outre-
Manche, tandis que Bourguignons et Armagnacs se déchiraient
dans le pays.

Le Velay eut assez de force pour repousser les Bourguignons (3), et le Dauphin, après le traité de Troyes (1420) qui
lui enlevait son royaume, vint chercher un refuge aux portes
du Puy, dans le château d'Espaly, qui appartenait à l'évêque.
C'est là qu'il aurait appris la mort de son malheureux père et
les érudits locaux ont été tentés de croire que son entourage
le proclama roi sur la terre vellave (4). Ce n'est qu'une légende,

(1) Il s'agit de Garin IX d'Apchier, seigneur de Sereys, qui fit son testament
au moment où il partait pour l'Orient en compagnie de Boucicault. Cf. Grellet
de la Deyte et C. Fabre, *Testament de Garin, baron d'Apchier et de Cereys*
(3 avril 1403, v. st.). Analyse et commentaires historiques concernant le pape
Benoît XIII (d'Avignon), Élie de Lestrange, évêque du Puy, le couvent des Frères
Mineurs à Saint-Chély (Gévaudan), où les d'Apchier avaient leur sépulture, et
le couvent des Dominicains à Marvéjols (*Bulletin de la Société scientifique et
agricole de la Haute-Loire*, 1914, p. 286).

(2) Pour Boucicault, qui mérite d'être connu dans l'histoire du Velay, voir la
bonne notice, très documentée, que lui consacre Truchard du Molin dans sa
Baronnie de Bouzols, 33-38.

(3) Arnaud, *Hist. du Velay*, I, 240-44.

(4) Le couronnement de Charles VII à Espaly n'est qu'une légende. Le Dauphin était bien venu au Puy, le 15 mai 1420, mais il en était reparti le 17 (Arnaud,
Hist. du Velay, I, 244-45). Il n'y revint qu'en 1424 pour y tenir les États généraux
de Languedoc, et Charles VI était mort en octobre 1422. — Pour ces voyages
du Dauphin, il est bon de consulter Médicis I, 243, et de remarquer que
A. Chassaing commet une erreur à la table, en disant que le Dauphin était venu
au Puy en 1419, et avait armé chevaliers plusieurs seigneurs le jour de l'Ascen-
sion. Le fait, d'après Chassaing, serait raconté à la page 239. Or, là il s'agit du
pèlerinage au Puy, non du Dauphin, mais de sa belle-mère Yolande d'Aragon,
reine de Sicile ; celle-ci était venue au Puy avec Louis d'Anjou. Quant au Dauphin, s'il est nommé dans le passage, c'est parce qu'il avait écrit à la Dauphine,
sa femme, alors en Berry, qu'un accord était intervenu entre le roi Charles VI
et le duc de Bourgogne. Or, la Dauphine écrivait la nouvelle à sa mère,
au Puy.

Mais, peu après, en 1429, la mère de Jeanne d'Arc vint réellement en pèlerinage au Puy (1).

Les malheurs du temps n'avaient pas, en effet, diminué la vogue de ce pèlerinage, surtout lorsque le vendredi saint coïncidait avec la fête de l'Annonciation (25 mars). Il y avait, en ces occasions solennelles, « pardon de *coulpe* au Puy », disent les historiens de Charles VI, et la splendeur des pèlerinages est mentionnée jusque dans les *Quinze joies de Mariage* (2). Alors, l'affluence des dévots était si considérable que des étouffements (ou *mortandatz*) pareils à celui de 1255, se renouvelaient malgré toutes les mesures d'ordre. Deux de ces fêtes exceptionnelles eurent lieu sous l'épiscopat d'Élie de Lestrange, au commencement du xve siècle. Dans la première, plus de deux cents personnes furent encore étouffées, et dans la seconde, grâce aux mesures prises par l'évêque, le nombre des victimes ne fut plus que de trente (3).

L'histoire d'un enfant de l'Auvergne possessionné en Velay,

Quant au couronnement à Espaly, il est relaté par un chroniqueur bourguignon, Enguerrand de Monstrelet, et nos historiens ont recueilli le renseignement avec joie. (V. notamment Arnaud, *Hist. du Velay*, I, 247). Mais Baubet vient de s'inscrire en faux contre cette assertion dans un article : « Charles VII fut-il proclamé à Espaly ? » *(Bulletin de la Société scientifique et agricole de la Haute-Loire*, 1914, p. 293). Baubet montre, en s'appuyant sur des textes, qu'en octobre 1422, date de la mort de Charles VI, le Dauphin, son fils, se trouvait à Mehung-sur-Yèvre et que c'est là qu'il apprit le décès et « print nom de roy ».

(1) Baubet a aussi prouvé l'authenticité du pèlerinage au Puy d'Isabelle Romée, mère de Jeanne d'Arc, en 1429. Ce pèlerinage est raconté par Paquerel au procès de réhabilitation de la Pucelle, dans les manuscrits du fonds latin de la Bibliothèque nationale, n°s 17013 et 5970. Là il faut bien lire : *villa Aniciensi* (dans la ville d'Anis), au lieu de *villa Anuiensi* (Anché), suggéré par Quicherat. Cf. *Annales du Midi*, XXXVI, 1924, p. 356.

(2) Le titre de *Quinze joies de Mariage* est une antiphrase, et le livre, dû à René de la Sale, expose, en effet, les déceptions du mariage. A la *huitiesme joye (Bibliothèque elzévirienne*, éd. B. Jannet, 1857, p. 81), un seigneur qui a accompagné sa femme au jubilé du Puy, la préserve à grand'peine des horions, au milieu de la foule des marchands de joyaux. (V. note de A. Chassaing, dans Médicis, II, 260-61).

(3) Pour Élie de Lestrange, voir l'article que lui consacre la *Gallia Christiana*, II. Ecclesia Aniciensis. — J'ai moi-même rappelé les deux jubilés de son épiscopat dans mon étude sur le *Compois de 1408 (Archivum romanicum*. Genève, 1919, pp. 511-542.)

Gilbert de la Fayette-Motier, résume, pour ainsi dire, toute la dernière période de la guerre de Cent ans. On trouve ce vaillant guerrier en Italie en 1412 avec le duc de Nemours ; mais, l'année suivante, il combat dans le Nord contre les Anglais et devient lieutenant-général de son seigneur, le duc de Bourbon, dans le Languedoc et la Guienne. En 1417, il s'attache à la personne du Dauphin, défend la Normandie, et devient maréchal de France à la mort de Boucicault en 1421. Vainqueur du duc de Clarence, il court à l'aide d'Orléans en 1429, accompagne Charles VII à Reims et négocie le traité d'Arras en 1435. Sénéchal de Beaucaire-Nîmes, en 1439, il administre, comme tel, le Velay et le Gévaudan, et accompagne Charles VII au Puy cette année même. Le roi y préside les États généraux du Languedoc. En 1449, la Fayette négocie la reddition de Rouen et préside ainsi à la fin même de la guerre avec les Anglais. Il mourut le 23 février 1463 et fut enterré en l'abbaye de la Chaise-Dieu (1).

Au début du règne de Louis XI, en 1465, Le Puy fut un moment troublé par son évêque et la noblesse, qui avaient, à la suite du duc de Bourbon, embrassé la cause de la *Ligue du bien public*. La lutte fut d'ailleurs très courte (2).

Le roi René, de Provence, vint en pèlerinage au Puy vers le même temps (3). Charlotte de Savoie, reine de France, femme de Louis XI, s'y rendit en 1470, pour remercier la Vierge

---

(1) La biographie de Lafayette-Motier (Gilbert de) se trouve aujourd'hui dans toutes les encyclopédies (V. notamment le *Dictionnaire Larousse*, éd. de 1873, t. VIII, 52-53). — Médicis, I, 108, n'indique qu'un don qu'il fit à la cathédrale du Puy en 1438. — Dans le *Bulletin de la Société scientifique et agricole de la Haute-Loire*, 1914, p. 133, M. Grellet de la Deyte a publié *Un souvenir du maréchal de La Fayette*. Il s'agit d'une plaque de cuivre qui surmontait à la Chaise-Dieu le tombeau du maréchal († le 23 février 1463). Mais Truchard du Molin a consacré une ample notice au maréchal dans sa *Biographie des Officiers généraux de la Haute-Loire (Annales de la Société d'agriculture, sciences, arts et commerce du Puy* (Société académique), t. XV, 1850, pp. 292-96). Cette notice est suivie d'une courte bibliographie : Truchard du Molin a puisé ses renseignements aux meilleures sources, notamment dans l'*Histoire de Charles VII* par Jean Jouvenel des Ursins.

(2) Arnaud, *Hist. du Velay*, I, 263.

(3) Médicis, I, 252.

d'Anis, à qui elle avait, en 1468, demandé un fils (1). Enfin, Louis XI lui-même fit le voyage en grande pompe en 1476, par l'Auvergne, et une délégation des habitants alla à sa rencontre jusqu'à Fix-Saint-Geneis, où le savant Pierre Odin harangua le monarque (2).

La sécurité revenue, et avec elle la richesse, l'ancien culte des lettres devait renaître, avec celui des arts. Vers 1470, un vellave, du Puy, est régent au collège de Navarre à Paris et lecteur du Dauphin, le futur Charles VIII, qui le confirma dans ces fonctions quand il fut roi. Or, ce lecteur, *Guillaume Tardif* (3), écrivit non seulement, pour son royal élève, un traité sur la chasse (4), mais traduisit les *Dictz moraulx* de Pétrarque, les *Fables de Valla* (5) et les *Facéties du Pogge* (6) ; ces ouvrages ne sont plus écrits dans l'idiome chantant du Puy et des troubadours, resté pourtant en honneur ici, mais dans la langue claire et fleurie de Charles d'Orléans et de Villon. Un autre écrivain, Crozet, est signalé à la même époque comme ayant composé au Puy une foule de *mystères* et de *moralités*, mais son œuvre a disparu (7). En tout cas, des ballades du

(1) Médicis, I, 258. Le chroniqueur dit qu'à l'occasion du pélerinage de la reine de France, des *Histoires* furent représentées, entre autres celle des *Neuf Preux*.

(2) Médicis, I, 260. — Arnaud, *Hist. du Velay*, I, 270.

(3) Une étude concernant Guillaume Tardif se trouve dans Mandet, *Hist. poétique et littéraire de l'ancien Velay*, 1842, p. 119-39, puis dans le même écrivain, *Histoire du Velay*, VII, pp. 5-29. Mais il faut surtout consulter la préface du livre que M. Pierre Marchessou a consacrée aux *Apologues*, livre qui est indiqué ci-après.

(4) Jullien (Ernest), *Le livre de l'art de Faulconnerie et des chiens de chasse*, par Guillaume Tardif. Paris, 1882, in-12 ; deux volumes de 143 et 111 pages.

(5) Marchessou, *Les Apologues de Laurent Valla, translatées du latin en français et suivies des Ditz moraulx*, par Guillaume Tardif, du Puy-en-Velay, professeur au collège de Navarre, maistre liseur du roy Charles huictiesme de nom. Le Puy, 1877, in-8° de 314 pages. Excellente étude sur l'auteur dans une préface.

(6) Montaiglon (Anatole de), *Les Facéties du Poge le Florentin*, traduction française de Guillaume Tardif du Puy-en-Velay, lecteur du roi Charles VIII. Paris, 1878 ; petit in-8 de 351 pages.

(7) Médicis, I, 259.

temps remémorent, dans un style gracieux, les événements locaux (1). Cette renaissance ne devait pas s'arrêter, et le Velay prendra une place d'honneur dans la littérature de langue française dès que cette langue sera balbutiée dans nos contrées (2).

Nous avons déjà signalé l'*histoire* légendaire des origines de la cathédrale par Odin. Cette histoire fut offerte à Charlotte de Savoie et au duc de Guienne, frère de Louis XI, en 1469. Nous devons au xvᵉ siècle la fresque des *Arts libéraux*, qui existe encore dans la salle du Chapitre à la cathédrale, et la *Danse macabre de la Chaise-Dieu.*

Première partie du xviᵉ siècle. — Claude Yves d'Alègre. — Le connétable de Bourbon. — François Iᵉʳ au Puy.

Charles VIII, d'après quelques chercheurs, serait venu au Puy, comme son père et sa mère, à l'occasion d'un voyage qu'il fit à Lyon (3). En tout cas, les guerres d'Italie, qu'il inaugura, mirent bientôt en relief le grand capitaine *Claude Yves d'Alègre.*

Celui-ci s'était rendu à la conquête de Naples en 1495. Louis XII le nomma gouverneur du Milanais et de Bologne. Compagnon d'armes de Bayard et de Gaston de Foix, il décida de la victoire à la journée de Ravenne (1512), en attaquant les Espagnols au moment précis où ils enveloppaient les Français. Mais deux de ses fils avaient été tués. « Je vous suis, mes enfants ! » s'écria-t-il, et il trouva la mort dans son triomphe. C'était, disent les historiens du temps, un « vertueux et habile capitaine ». Personne, avant lui, n'avait parlé, au nom du roi de

---

(1) *Médicis*, I, 275. — Le poème est de 1378, et concerne une inondation du Dolaison le 10 octobre de cette année-là.

(2) Pour se rendre compte de la fécondité de la littérature en langue française en Velay jusqu'au xviiᵉ siècle, il faut lire la conférence si documentée de M. Jouanne : *Cours d'amour et Jeux floraux en Velay* (*Bulletin de la Société scientifique et agricole de la Haute-Loire*, 1913, pp. 214-216).

(3) Arnaud, *Hist. du Velay*, I, 276.

France, avec la courtoisie et la fermeté qu'il montra à la cour
du pape Jules II (1).

Et la gloire poétique s'alliait en Velay à la gloire militaire.
La même année 1512, Claude Doleson faisait représenter au
Puy un *mystère* qui exaltait l'origine miraculeuse de l'église
de Notre-Dame et la sainte image de la *Vierge noire*. La partie
française de l'œuvre est pédante et souvent ennuyeuse ; mais
rien n'égale en naturel le rôle de trois paysans qui parlent,
dans le drame grandiose, la langue d'oc de leur pays (2).

Pendant les règnes de François Ier et de Henri II, nos populations s'intéressent de plus en plus à la vie de la cour, et célè-
brent tous les jours de gloire, comme tous les jours de deuil,
de la Patrie.

Cependant, un triste épisode faillit un moment séparer la

(1) L'histoire d'Yves d'Alègre se trouve aujourd'hui dans toutes les encyclopédies. Truchard du Molin a publié dans les *Annales de la Société d'agriculture, sciences, arts et commerce du Puy*, t. XXVII, 1864-1865, pp. 300-337,
une étude générale, *Les d'Alègre au* xvie *siècle*. Là, les grandes lignes de la
biographie d'Yves II, sont contenues aux pages 300 et 301. Mais Truchard
du Molin s'était surtout inspiré, pour rédiger sa notice, du Père Anselme,
Histoire généalogique des grands officiers de la Couronne, t. VII, pp. 701 et suivantes. — Truchard du Molin a rédigé une notice spéciale sur Claude Yves
d'Alègre dans sa *Biographie des officiers généraux de la Haute-Loire* (*Annales
de la Société d'agriculture, sciences, arts et commerce du Puy* (Société académique), t. XV, 1850, pp. 232-235. — Enfin, en 1905, M. Grellet de la Deyte a
rédigé la brochure *Yves d'Alègre, lieutenant général des armées des rois
Charles VIII et Louis XII en Italie* (1452-1512). Riom, in-8 de 28 p. avec
portrait de 1498.

(2) Le *mystère* de Claude Doleson a été relevé par Médicis dans son *Livre de
Podio*, et, par conséquent, publié par A. Chassaing dans les *Chroniques de
Médicis*, II, 369-599. Cette publication n'est qu'une sèche édition sans notes ni
éclaircissements, et l'usage s'est établi de prétendre que le *mystère* est « fort
ennuyeux ». M. Jouanne lui-même, dans sa conférence de 1913 (*Bulletin de la
Société scientifique et agricole de la Haute-Loire*, 1913, pp. 214-261), l'analyse
d'une manière bien insuffisante. On n'a jamais signalé que les rôles des trois
paysans sont en langue d'oc. L'œuvre ne méritait pas cette indifférence. Elle
s'inspire fidèlement de l'*histoire* d'Odin, ne manque pas de vie, comportait une
mise en scène grandiose, et marque réellement une date dans l'histoire du
théâtre, surtout dans notre région. Elle exprime bien l'enthousiasme et la
ferveur des croyances de nos pères. Elle mérite donc que quelque érudit en
donne une édition spéciale accompagnée d'une étude historique et philologique.

contrée de la monarchie, ou, au moins, la livrer à la guerre civile. En réalité, il n'eut de répercussion que sur la politique étrangère, et provoqua, à l'intérieur, l'unité définitive du pays et la fin de la grande féodalité.

C'est la trahison du connétable de Bourbon (1). Ce prince était duc de Bourbon, d'Auvergne et de Chatellerault, comte de Clermont en Beauvaisis, de Montpensier, de Forez, de la Marche, de Gien et de Clermont en Auvergne, vicomte de Carlat

(1) L'histoire du duc de Bourbon est intimement liée à celle du Velay, et même à celle de toute la Haute-Loire, puisque le connétable était comte et dauphin d'Auvergne, baron de Mercœur, et, par conséquent, maître de la région de Brioude et de Saugues. Comme comte de Forez, il était aussi le suzerain de la région de Rochebaron ; enfin, il était seigneur direct de Roche-en-Régnier. En outre, le diocèse du Puy était, depuis 1514, au pouvoir d'Antoine de Chabannes, son cousin, son ami et son intime conseiller.

Néanmoins les historiens du Velay n'ont pas lié suffisamment son histoire à celle de leur province. Truchard du Molin, qui, dans sa *Baronnie de Roche-en-Régnier*, a dû rappeler la trahison du duc, semble se résigner à un aveu d'impuissance en remarquant (p. 95) que Mignet « un des maîtres de la science historique », avait « magistralement raconté » cette trahison dans la *Revue des Deux-Mondes*, en 1860. Il ne dit rien sur les circonstances mêmes de cette trahison, qui fut ourdie en juillet 1523, à Montbrison, où s'était rendu l'évêque du Puy. Il croit ensuite (p. 99) à l'innocence du prélat, parce que celui-ci fut rendu à la liberté sans avoir été jugé ; mais il ne dit pas qu'Antoine de Chabannes avait récusé les juges laïques du roi parce qu'il était évêque, revêtu du *pallium*, et, comme tel, justiciable seulement du Saint-Siège, et que le parlement de Paris était de cet avis.

En réalité, la culpabilité d'Antoine de Chabannes saute aux yeux quand on lit toutes les pièces du procès du connétable, et Paulin Paris, dans une étude qui semble encore ignorée au Puy, quoiqu'elle ait été publiée par Gaston Paris dès 1885 (*Études sur François Ier*, II, ch. I, *Le connétable de Bourbon*), avait remarqué que le prélat était au moins « très compromis ». Le collègue d'Antoine de Chabannes, c'est-à-dire l'évêque d'Autun, qui suivit le duc en Italie et fut nommé par lui chancelier de Milan, avait été remis en liberté « sans être jugé », dès le début de 1524, et non en 1526, comme le dit Truchard du Molin (p. 99), dans les mêmes conditions que l'évêque du Puy.

M. G. Paul, dans une étude récente sur *Pomperan (Bulletin de la Société académique de la Haute-Loire*, 1921, p. 107), dit encore que « la mémoire de l'évêque du Puy est aujourd'hui entièrement disculpée. » Je publierai prochainement une nouvelle étude sur la question, à cause de quelques documents récemment découverts, qui modifient l'histoire même d'Antoine de Chabannes et le font mourir en 1531, lorsque tous les historiens, et la *Gallia Christiana* elle-même, donnent à sa mort la date de septembre 1535.

et de Murat, seigneur de Beaujolais, de Combrailles, de Mercœur, d'Annonay, de Roche-en-Régnier (Velay), prince de Dombes. En 1521, à trente et un ans, il devint veuf de Suzanne de Beaujeu, et Louise de Savoie, qui le haïssait, fit confisquer les biens de la défunte, en se prétendant son héritière. Le connétable signa des traités secrets avec Charles-Quint et Henri VIII d'Angleterre contre la France, en juillet 1523. Le roi donna l'ordre de l'arrêter ; mais il put fuir, après avoir erré dans les montagnes d'Auvergne, et gagner Besançon par le Velay, le Viennois, le Dauphiné et la Bresse.

Sa fuite fit emprisonner ses conseillers, ses amis et plusieurs de ses parents, entre autres l'évêque du Puy, Antoine de Chabannes. Celui-ci fut enfermé à Tarare, puis à Loches, et enfin à Paris. Il fut néanmoins, après de longs interrogatoires, remis en liberté en 1524, « parce qu'il n'était que justiciable du Saint-Siège », mais se rendit aussitôt en Provence auprès du connétable, qui envahissait cette contrée à la tête des Impériaux. Le rôle d'Antoine de Chabannes n'a jamais été bien éclairci. La défaite de Pavie (1525) et la captivité de François Ier à Madrid, suspendirent la marche des procès. Antoine de Chabannes fit fournir à la couronne, pour se faire pardonner, jusqu'aux vases précieux de sa cathédrale. Et la mort du connétable au siège de Rome (1527) changea toutes choses. Le parlement de Paris attribua à la couronne tous les biens du prince.

Cette fois, toute la région passait directement aux mains du roi : seule la châtellenie de Saugues, confisquée aussi, fut vendue par François Ier à la maison de Lorraine et ne sera définitivement réunie à la couronne qu'en 1778, après avoir appartenu aux Vendôme, aux Bourbon-Conti, et avoir fait partie, en 1773, de l'apanage du comte d'Artois (1).

Dans sa prison même de Madrid, François Ier, étant malade, avait fait le vœu de se rendre en pèlerinage au sanctuaire de Notre-Dame du Puy. Il y vint, en effet, lorsque la succession du connétable eut été définitivement réglée. Arrivé d'Au-

(1) A. Chassaing et A. Jacotin, *Dictionnaire topographique de la Haute-Loire*. Introduction, p. xv.

vergne à Allègre, dont le seigneur, gouverneur de Caen, était
son chambellan, il vint coucher au château de Polignac et fit
au Puy une entrée solennelle, avec la reine Eléonore, ses trois
fils et un imposant cortège de cardinaux, d'ambassadeurs,
d'évêques et de grands seigneurs. Les consuls, tête-nue, lui
remirent les clés de la cité, et l'évêque, François de Sarcus,
l'hébergea dans son palais (1). La visite à la cathédrale fut
émouvante, et la ville, avec ses corporations, et des fêtes où
brillèrent l'art du théâtre, les inscriptions de bienvenue et
une rhétorique ingénieuse et vibrante, fit au monarque un
accueil qui est resté unique dans ses annales. Le roi repartit
pour le Midi et Marseille, où il allait arrêter le mariage de
son fils Henri avec Catherine de Médicis, la nièce du pape.

Les guerres de religion (1562-1598).

Cependant, nos provinces étaient déjà sourdement troublées
par la prédication de la réforme. Au Puy, la cour commune

(1) Tous les historiens du Velay, depuis Odo de Gissey jusqu'à A. Jacotin
(*Preuves de la Maison de Polignac*), ont cru que l'évêque qui reçut François Ier était Antoine de Chabannes, celui qui avait été le complice du duc de
Bourbon, et que le roi lui-même avait fait arrêter et emprisonner le 5 septembre 1523. Cela paraissait bien invraisemblable; mais, faute de documents prou-
vant le contraire, on admettait l'événement, en remarquant que l'évêque avait
pu « rentrer en grâce ».

Or, on vient de découvrir deux chartes authentiques, l'une du 27 janvier 1533,
et l'autre du 18 mai 1534, qui signalent, l'une et l'autre, comme évêque, à ces
deux dates, non Antoine de Chabannes, qu'on ne faisait mourir qu'en septembre 1535 (V. *Gallia Christiana*, II, *Ecclesia Aniciensis*), mais son successeur,
François de Sarcus. Or, comme le roi passa au Puy les 18 et 19 juillet 1533,
c'est ce prélat, et non Antoine de Chabannes, qui l'hébergea dans son palais
épiscopal.

Quant au récit circonstancié du passage du roi dans notre ville, il se trouve
dans le livre de Médicis (I, 338 et suivantes), qui en fut le témoin oculaire.
Mais le chroniqueur (p. 342), en indiquant *l'évêque du Puy*, n'avait pas transcrit
le nom du prélat, et c'est ce qui explique que l'erreur des historiens postérieurs ait pu se produire.

du roi et de l'évêque (1) n'était pas tendre pour l'*hérésie*, le plus grand crime dont on pouvait se rendre coupable au Moyen Age. Il s'agissait, d'ailleurs, de la prospérité de la ville elle-même, et de ses traditions séculaires les plus sacrées. Les réformés, déjà nombreux en 1530, dans la région de Tence et de Monistrol-sur-Loire (2), traitaient de superstition le pèlerinage du Puy et ridiculisaient le culte de la Vierge noire (3). Aussi, un huguenot du Chambon-de-Tence avait-il été brûlé en 1529 (4), un autre, de Monistrol-sur-Loire, en 1531 (5). En 1549, un crucifix du cimetière du Breuil est outragé (6), et en 1555, des huguenots, originaires du Limousin et de l'Auvergne, sont brûlés, avec leurs livres, devant une assistance de douze mille personnes (7).

Mais la répression était impuissante; à la veille des guerres

(1) *Cour Commune.* — Ce tribunal, qui rendait la justice au nom du roi et de l'évêque, n'a pas encore trouvé d'historien particulier. Il avait été fondé à l'époque du *paréage*, c'est-à-dire en 1307. — Notice dans Louis Pascal : *Bibliographie de la Haute-Loire*, pp. 92-93.

(2) Nous avons déjà signalé, plus haut, au sujet de la guerre contre les Albigeois, le livre de Jean Chassanion, auteur protestant de Monistrol-sur-Loire. Cet écrivain, qui mourut en 1598, avait été de bonne heure en correspondance avec Théodore de Bèze. Cette correspondance se trouve en manuscrit dans la bibliothèque de Genève (197a Cart. 11). Chassanion est ministre réformé de l'église de Metz en 1582 ; il publie, vers ce temps (1586), un livre de doctrine qui a été traduit en anglais dès 1597 : *Histoire des grans et redoutables jugemens et punitions de Dieu advenus au monde, principalement sur les grans, à cause de leurs meffaits, contrevenans aux commandemens de la Loy de Dieu.* — L, Pascal, *Bibliographie....*, pp. 53-54.

(3) On lit dans *Médicis*, éd. Chassaing, I, 184-85 : « Ung tas de prescheurs détractoient ledict Jubilé... ung prescheur affirmoit au peuple le pardon du Puy estre une fatuité, que ce n'estoit qu'ung fol vouloir d'y venir.... En ce mesme dit an (1524) ung tel professeur preschoit à Lyon affirmant le contraire de la vérité de ce saint pardon ». En 1561 (*Médicis*, I, 512) « ès assemblées de ces maulditz Huguenaulx du Puy, se sont trouvés plusieurs qui ont detracté de ce très sainct miraculeux ymage Nostredame, l'appelant et nommant *ydole*, *tronçon de boys*, MASSIARADA (machurée, noircie, barbouillée)... dire faire porter le chappelet de la bonne dame à leurs chiens.... ».

(4) Médicis, *Chroniques*, I, 304.

(5) Médicis, *Chroniques*, I, 337.

(6) Médicis, *Chroniques*, I, 433-439.

(7) Médicis, *Chroniques*, I, 463.

de religion la ville comptait trois mille réformés (1) et le nouveau
culte se pratiquait ouvertement dans le mandement du château
de Bonas (région d'Yssingeaux), au Mazet-Saint-Voy et dans
toute la région de Tence et de Fay-sur-Lignon (2).

Les provinces voisines avaient été aussi pénétrées par la
réforme. Annonay était presque complètement calviniste dès
1528 (3), et en Auvergne, Issoire écoutait en 1540, avec ses
consuls, les nouvelles doctrines que lui prêchait un jacobin
venu d'Allemagne (4). Là, comme au Puy, on tente d'étouffer
l'hérésie par les supplices ; un réformé, Brugières, est condamné et brûlé vif en 1547-1548 (5), deux autres subissent le
même supplice sur l'ordre du bailli de Montferrand, et l'évêque de Clermont lui-même est mal reçu par la collégiale d'Issoire, dont les moines sont en majorité hérétiques ; la ville
devient un lieu de refuge pour les réformés du royaume. En
vain, un nouveau supplice frappe-t-il le pasteur Dezauches,
appelé de Genève ; la cité se donne comme gouverneur un
Chavagnac qui protège ouvertement les calvinistes (6).

En Gévaudan, Le Malzieu, Marvéjols, Florac, accueillent les
nouvelles doctrines, et un fils du vicomte de Polignac les protège dans le Randonat, à Villefort et à Génoilhac (7).

La conjuration d'Amboise est le signal de l'organisation armée
des huguenots, que la Cour et les Guise menacent d'extermi-
nation. La guerre, inévitable, éclate presque aussitôt après, et,
dans la région de Lyon, le baron des Adrets veut élargir son
champ d'action, et se ravitailler grâce aux ressources du Forez
et du Velay. Il s'empare de Montbrison, qu'il pille en cons-

---

(1) Médicis, *Chroniques*, I, 521. — Chassaing, interprétant très librement son
auteur, dit à la table, au mot *huguenots*, que le tiers de la population du Puy
était hérétique. Or, le Puy ne comptait pas plus de 9.000 à 10.000 âmes au
XVIᵉ siècle.

(2) Les habitants du Mazet-Saint-Voy avaient été convertis en totalité au
protestantisme par leur propre curé Bonnefoy, un réformé très zélé. (Arnaud,
Histoire du Velay, I, p. 364).

(3) Daurille (de Crest). *Histoire des Guerres Civiles du Vivarais*, 1846, p. 24.

(4) Imberdis, *Les Guerres religieuses en Auvergne*, I, 22-28.

(5) Imberdis, *Les Guerres religieuses en Auvergne*, I, 27-37.

(6) Imberdis, *Les Guerres religieuses en Auvergne*, I, 39-52.

(7) Arnaud, *Histoire du Velay*, I, 332-333.

cience, et, comme il est appelé, au moment même, dans le Venaissin, un de ses lieutenants, Blacons, continue l'expédition et envahit le Velay par Pont-Empeirat. La ville du Puy, effrayée, charge le sénéchal Antoine d'Alègre-Saint-Just, d'éloigner l'ennemi à prix d'argent. Le sénéchal, qui est sympathique aux envahisseurs, leur remet l'argent, mais se joint à eux. Et Le Puy est assiégé pendant cinq jours (1562). Il résiste bravement, et Blacons, après avoir pris Espaly et ravagé les environs, va dévaliser l'église de Saint-Paulien, et surtout l'abbaye de La Chaise-Dieu. Là, le trésor de l'église est pillé, et le tombeau du pape Clément VI mutilé et profané, tandis que les moines, réfugiés dans la tour Clémentine, résistent comme ils peuvent, en attendant que Saint-Hérem, gouverneur de l'Auvergne, et Saint-Vidal, gouverneur du Velay, viennent les délivrer (1).

Le Puy avait fait une cinquantaine de prisonniers dans l'armée de Blacons ; ils furent tous exterminés sans miséricorde, et la répression continua dans la ville : en 1570, douze huguenots venus de Crest (Valentinois) sont pendus (2).

La cour de Charles IX devient, en même temps, de plus en plus hostile aux hérétiques. Ceux-ci sont battus à Jarnac, où Condé est fait prisonnier et tué. L'amiral de Coligny est battu à Moncontour où Blacons commande un régiment. Celui-ci meurt bientôt après en Saintonge. Ces victoires des catholiques sont célébrées au Puy par des feux de joie, et le sénéchal de Rochebonne va reprendre aux calvinistes du Vivarais la chartreuse de Bonnefoy, près du Mezenc, puis Fay et Saint-Agrève (3).

La Saint-Bartélemy (24-25 août 1572) fait bientôt dix mille victimes à Paris, puis quatre mille à Lyon (24 septembre). Notre

---

(1) Le siège du Puy par Blacons et Saint-Just est raconté d'une manière très circonstanciée par *Médicis*, I, 522, et d'une manière plus concise, par *Burel*, p. 13-16. — L'identification d'Antoine d'Alègre, seigneur de Meilhaud (Auvergne) et de Saint-Just (Velay) est due à Truchard du Molin, qui l'a nettement établie dans son étude sur « les d'Alègre au xvie siècle » (*Annales de la Société académique du Puy*, t. XXVII, 1865, v. notamment pp. 302-303), Antoine d'Alègre fut le père d'Yves dont nous parlerons bientôt dans cette étude. Il mourra à Paris en 1573, tué dans un duel par le baron de Vitteaux.

(2) *Burel*, 26,

(3) *Burel*, 24.

historien Burel traite ce massacre de « presque incroiable » (1).
Mais le Velay et l'Auvergne sont épargnés. En Auvergne, le gouverneur Saint-Hérem ne reçut pas l'ordre du roi, qui fut soustrait en route au courrier qui le portait (2), et au Puy, l'évêque Antoine de Sénectère réunit les réformés dans son palais même, leur exposa le danger qui les menaçait, et obtint qu'ils fissent « confession de foy » puis « leurs Pâques quelques jours après » (3).

Mais la guerre devient de plus en plus inexpiable. Un capitaine huguenot, Guyard, reprend Espaly, et ce château ne peut être reconquis que par ruse et à prix d'argent (1574) (4). Les calvinistes occupent Saint-Quentin, Adiac, Chapteuil, Montgiraud, Saint-Pal-de-Mons, Tence et plusieurs places fortes. Pour défendre Le Puy, il faut entretenir à grands frais les soldats qu'a envoyés La Barge, gouverneur du Vivarais. En Gévaudan, le capitaine Merle reprend le Malzieu. Il délivre ensuite Issoire, qu'ont un instant occupée les troupes royales (5).

Toutefois, les catholiques se défendent avec fureur. Le duc de Nemours occupe Brioude, où il établit une halte d'armes, et fait attaquer plusieurs forteresses, notamment le château d'Allègre (6). Et, en Velay, Saint-Vidal reconquiert Bessamorel et Bellecombe, tandis que l'évêque Sénectère, qui « porte les armes pour l'honneur de Dieu et le service

---

(1) *Burel*, 30.

(2) Les historiens ont longtemps compris Saint-Hérem, gouverneur de l'Auvergne, parmi les seigneurs qui refusèrent d'exécuter le massacre ordonné par le roi. Voltaire lui fait même écrire la noble lettre suivante : « Sire, j'ai reçu ordre, sous le sceau de Votre Majesté, de faire mourir tous les Protestants qui sont dans ma province ; je respecte trop Votre Majesté pour ne pas croire ces lettres supposées ; et si, ce qu'à Dieu ne plaise, l'ordre est véritablement émané d'elle, je la respecte trop pour lui obéir ». Mais cette lettre ne présente aucune garantie d'authenticité, tandis que la soustraction de l'ordre du roi à François de Combelles de Clermont est historique (Voir la question très clairement exposée dans Imberdis, *Histoire des Guerres religieuses en Auvergne*, 1, 184-187).

(3) *Burel*, 31.

(4) *Burel*, 35-36.

(5) *Burel*, 40-42.

(6) Imberdis, *Hist. des Guerres religieuses en Auvergne*, 1, 210.

du roi » (1), pourchasse les religionnaires au Mazet-Saint-Voy et à Fay.

En 1576, un édit royal accorde la liberté de conscience, et les États Généraux sont réunis à Blois. Mais cette assemblée adopte la formule : « Ung Dieu, ung roy, une foy, une loy » (2). Les religionnaires refusent de rendre leurs forteresses, la guerre recommence, et la Ligue se répand en province, si bien que désormais, en Velay, comme en Auvergne et en Gévaudan, trois partis vont se heurter : les Calvinistes, les Ligueurs et les Royalistes (3).

En Velay, les huguenots s'emparent de Fay, de Saint-Agrève et de Saint-Pal-de-Mons. Une troupe de deux mille hommes, conduite par Barghac, un ancien chanoine du Puy devenu zélé réformé, se présente aux environs du Puy même. Mais Saint-Vidal, aidé par Mandelot, de Lyon, et St-Hérem, gouverneur de l'Auvergne, peut chasser les envahisseurs. Barghac est vaincu à Rozières (1577) et Saint-Vidal surprend St-Paul-de-Tartas, le Cros-de-Géorand et Langogne (4). De là, il se porte au secours d'Ambert que le capitaine Merle vient d'occuper (5). Mais il échoue dans cette tentative généreuse, et Merle va au secours d'Issoire, qu'assiège une armée royale, sous les ordres du duc de Nevers. Là, commence à paraître le marquis Yves IV, d'Alègre, fils de cet Antoine d'Alègre de Saint-Just, qui s'était joint à Blacons en 1562. Issoire est prise par les royalistes après un siège de vingt-deux jours et livrée à toutes les horreurs du pillage, des massacres et de l'incendie : « Ici fust Yssoire ! » purent écrire les vainqueurs. Ceux-ci se concentrent un moment à Brioude, sous les ordres du duc d'Anjou, frère du roi, puis reçoivent une rançon de trente mille mille livres et

(1) Antoine de Sénectère prit cette devise le jour de son sacre à Avignon, en 1573, douze ans après avoir été nommé évêque du Velay (1561). — Arnaud, *Hist. du Velay*, I, 365.

(2) *Burel*, 43.

(3) Imberdis, *Les Guerres religieuses en Auvergne*, I, 243.

(4) *Burel*, 44.

(5) Ambert avait été attaquée par Merle en février 1577 ; des otages avaient été fusillés et l'église remise aux protestants. (*Imberdis*, I, 271).

quittent la région, après avoir confié à Saint-Vidal la défense du Gévaudan (1).

Cependant Merle s'empare de Mende (2), et la peste éclate au Puy, qu'elle désole cruellement pendant plusieurs années (1577). En septembre 1580, St-Vidal va reconquérir St-Agrève, et bientôt, le vicomte de Polignac tente une agression contre Le Puy même (1581). La ville doit fermer ses portes, s'entourer de fossés, construire des ponts-levis ; les îles qui la forment, nomment des capitaines ; tous les habitants, embrassant la cause de la Ligue, jurent fidélité à Dieu et au roi (1585) (3). Sur ces entrefaites, meurt le capitaine Merle (1583) et Mende repasse au pouvoir de Saint-Vidal ; en Auvergne, Randans succède à Saint-Hérem comme gouverneur. C'est un ligueur farouche, qui s'empare d'Issoire ; mais la ville, tant éprouvée, se révolte et reçoit à bras ouverts le marquis d'Alègre, dévoué aux royalistes, tandis qu'en Velay, les huguenots s'emparent de Montfaucon, et que tout le Midi frémit de nouveau à la voix d'Henri de Navarre (4).

Alors commence la guerre des « trois Henri ». Le roi se met lui-même à la tête de la Ligue et charge l'amiral, duc de Joyeuse, d'aller combattre son beau-frère. Le duc était courtois et brave, mais cruel. Il promit, publiquement, même avant de partir de Paris, « de raser tous les châteaux des Religionnaires et d'exterminer tout ce qui tomberait sous ses mains ». Or, c'étaient les autorités de l'Auvergne et celles du Velay qui avaient demandé sa venue. Aussi, les protestants, exaspérés, recommencèrent-ils la guerre avant même que Joyeuse fût arrivé à Brioude. Jean II d'Apchier, seigneur de Sereys en Velay et de la région du Malzieu en Gévaudan, devait frayer le chemin à l'armée royale. Son voisin, Tristan de Tailhac (région de Langeac), l'attaqua à Vissac, aux portes mêmes du Velay, et

---

(1) Tous ces événements sont longuement racontés par *Imberdis*, I, 334-403, et plus succinctement par *Burel*, 44-46.

(2) En décembre 1579, *Burel*,, 55. La peste qui désole Le Puy est décrite longuement par Burel, notamment pp. 46-49.

(3) *Burel*, pp. 65-87.

(4) *Imberdis*, II, pp. 7-11, et *Burel*, 91.

les deux champions s'entretuèrent dans cette première rencontre (24 juin 1586) (1).

Châtillon, fils de Coligny, avait attaqué la ville du Puy quelques mois auparavant et tenté de s'en emparer par surprise. La tentative échoua, mais les envahisseurs, en se retirant, dévastèrent atrocement le pays (2).

Cependant, Joyeuse arrive à Brioude le 1er août, avec 18.000 hommes. Saint-Vidal est son colonel, il va le trouver, lui amène les six canons que possède Le Puy, et lui remet 1.500 écus sur 3.000 que le duc demande. Et l'armée s'ébranle, par Langeac, vers le Malzieu. La petite ville se rend sans combat et St-Vidal reprend Marvéjols (3). Mais l'effort de Joyeuse va sombrer à Coutras, d'où ne reviendront pas les canons du Puy.

Cependant Le Puy ne se décourage pas. Le roi donne pour sénéchal au Velay un seigneur accompli, de Chastes, qui épouse la veuve du comte de Polignac, fille de Saint-Hérem, si bien que tout semble marcher à souhait, grâce au concert de toutes les autorités locales, Sénectère, Saint-Vidal et de Chastes. La municipalité du Puy, qui avait déjà fondé un collège en 1571, reprend ce projet, et confie l'éducation de sa jeunesse à un établissement de Jésuites qui sera prospère pendant deux siècles. Les Huguenots ont bien repris Saint-Agrève, qu'ils ont transformé en camp redoutable. De Chastes et Saint-Vidal vont détruire la place. Le sieur de Chabannes est chassé d'Agrain et même de l'imprenable château d'Arlempdes, qui se rend, il est vrai, au prix de quatre mille écus (4).

(1) Tous ces événements sont très minutieusement exposés par *Imberdis*, (Livre X, chap. II). Le duel tragique de Tristan de Talhac et de Jean d'Apchier à Vissac n'a jamais été mentionné, à ma connaissance, par les historiens du Velay. C'est néanmoins un événement à retenir : il jette, d'ailleurs, un peu de clarté sur l'histoire de la maison de Talhac, qui était peu connue des érudits et des généalogistes, et qui a pourtant laissé à la bibliothèque du Puy deux terriers fort précieux. Ces terriers font actuellement l'objet d'une étude que je publierai prochainement ; quant au combat du 24 juin 1586, *Imberdis* le raconte dans un style un peu grandiloquent et dramatique au tome II (p. 43) de son livre sur les *Guerres religieuses en Auvergne*.

(2) *Burel*, 93-100.

(3) *Burel*, 101 et suivantes.

(4) *Burel*, 105-112.

Mais, en 1588, la situation redevient tragique. Les Guise sont assassinés aux états de Blois : Paris, Lyon, Rouen, Toulouse, se révoltent contre le roi, qu'on traite de *huguenot*, et qui sera excommunié par le pape. A Toulouse on massacre le président du Parlement, et au Puy, les autorités ne sont plus d'accord. Sénectère et de Chastes restent fidèles au roi, mais Saint-Vidal et d'Apchier, applaudis par les habitants, arborent l'étendard de la Ligue. Ils envoient des canons à Randans, le gouverneur de l'Auvergne, qui entre à Brioude et ruine la ville (1).

Cependant, quatre mille huguenots sont de nouveau autour de Saint-Agrève et se dirigent sur Le Puy. Les Politiques, qui ont quitté la cité, les font camper près de Polignac et doivent les introduire dans la ville. L'évêque a lui-même cherché un refuge à Espaly, qui deviendra bientôt une petite « Genève », et de Chastes s'est fortifié dans le château de Ceyssac. Le Puy se redresse superbement, chasse tous les suspects, destitue les officiers royaux, et, avec le concours du parlement de Toulouse, fait prêter serment à la Ligue par l'église, les consuls et les capitaines isliers. Un Conseil de vingt-quatre membres est élu, qui, à l'instar des Seize de Paris, va gouverner en dictateur. Il remplace les membres suspects de la sénéchaussée par des magistrats ligueurs et nomme sénéchal Antoine de St-Vidal. La sénéchaussée royale devra être transportée à Yssingeaux, le 2 déc. 1589 : elle ira même siéger à Montfaucon à partir du 10 juin 1591 (2).

(1) *Burel*, 112-115.

(2) *Burel*, 120-163. — La sénéchaussée du Puy, qui a déjà été mentionnée plusieurs fois, avait été accordée au Velay en 1560 et définitivement organisée en 1570. Auparavant, et, comme on le sait, depuis 1229, le Velay faisait partie de la sénéchaussée de Beaucaire-Nîmes, ainsi que le Gévaudan. — A l'origine un sénéchal était un très haut fonctionnaire investi dans sa province de tous les pouvoirs, administratif, militaire et judiciaire, et représentant directement le roi. Mais, en Velay, un sénéchal ne pouvait pas avoir, au xvie siècle, une situation aussi élevée : l'évêque était comte de la province, et le Puy et même la région avaient un gouverneur militaire, le baron de Saint-Vidal. L'évêque contesta même au sénéchal le droit d'assister aux séances des États du Velay. Cependant, les pouvoirs judiciaires, administratifs et même militaires du sénéchal étaient encore considérables. De Chastes lèvera de nombreuses troupes au

Et la ferveur de la Ligue anime toute la région : Paulhaguet, Brioude, St-Germain-Lambron, Langeac, venaient, à l'exemple des grandes villes, d'entraîner leur territoire jusqu'aux moindres hameaux (1).

La reine de Navarre, Marguerite de Valois, qui est à Usson en Auvergne et combat le parti de son mari, tente de réconcilier de Chastes et St-Vidal ; sa tentative échoue. Seule Issoire, qui rappelle Yves d'Alègre, arbore les couleurs de Henri III (2).

Mais celui-ci est assassiné par Jacques Clément, le 1er août 1589, et Henri de Navarre entreprend de conquérir son royaume. Il est vainqueur de la Ligue à Arques, le 31 septembre, et cette victoire est célébrée par des feux de joie à Espaly et à Polignac (3). Mais Le Puy, qui est bloqué par Chastes, est irréductible : le 25 février 1590, il apprend avec joie le couronnement de Charles X, et le cri de « Vive l'Espagne ! » retentit dans la ville, où il est défendu de parler d'Henri IV sans le maudire. De Chastes est destitué par le nouveau roi, et Saint-Vidal, revenant d'Auvergne, où il a vainement tenté de reprendre Issoire avec Randans, tué dans l'entreprise, peut assaillir le château d'Espaly avec quatre mille hommes. Les Politiques doivent essayer de traiter avec lui (4).

Cependant, Saint-Vidal est tué le 25 janvier 1591, dans une entrevue qu'il a avec de Chastes, sur le pont d'Estroulhas, aux portes du Puy. Il est aussitôt considéré comme un martyr de la foi ; ses funérailles sont imposantes, et des poursuites sont engagées contre les assassins, même par le parlement de Toulouse, qu'anime toujours l'esprit de la Ligue. Espaly capitule, l'évêque Antoine de Sénectère doit s'enfermer dans son cloître du Monastier, et Lestranges est nommé sénéchal. Le duc de

nom du roi pour réduire Le Puy ; c'était par un arrêt du sénéchal de Rochebonne que douze huguenots avaient été brûlés au Puy en 1570. La sénéchaussée du Puy a trouvé un historien excellent en M. Boudon-Lashermes, qui, en 1908, en fit le sujet de sa thèse de docteur en droit (Albert Boudon-Lashermes. *La Sénéchaussée présidiale du Puy*, Valence, in-8º de 334 pages.)

(1) *Imberdis*, II, 145.

(2) *Burel*, 131.

(3) *Burel*, 154.

(4) *Burel*, 201-232.

Nemours vient au secours du Puy avec d'Urfé, fait renouveler le serment à la Ligue et obtient même une trève de trois ans (1).

En Auvergne, le parti de Henri IV n'est pas plus heureux qu'en Velay. A Issoire, Yves d'Alègre a naturellement reconnu le roi huguenot. Mais il a fait supplicier le consul Espagnon, et s'est ainsi aliéné la ville. Il vit, d'ailleurs, dans le jeu et la volupté, et des tentatives qu'il fait contre les ligueurs à Sauxillanges et à Saint-Germain-Lambron sont malheureuses. Il est enfin assassiné avec sa maîtresse, la marquise d'Estrées, le 8 janvier 1592. Le duc de Nemours s'empare de son château d'Allègre, met une garnison à Saint-Paulien et démantèle Saint-Geneys. Et Antoine de Sénectère meurt oublié dans son couvent (3 nov. 1593) (2).

Cependant, Lyon se soumet à Henri IV le 25 février 1594, et de Chastes somme Le Puy d'en faire autant. Lestrange lui répond qu'il le fera pendre s'il ne s'éloigne pas. Paris se rend à son tour, et des feux de joie éclairent Polignac. Le Puy, consterné mais exaspéré, arbore les couleurs espagnoles et « refuse de plus fort de reconnaître Henri IV » ; sur un faux bruit de la mort du roi, un mannequin le représentant est brûlé dans les rues. De Chastes a enfin recours à la trahison, et un complot doit lui livrer la ville. Mais le complot est dénoncé, et le sénéchal vient se faire massacrer à la porte Saint-Gilles, avec deux cents de ses partisans. Les traîtres sont pendus, et le faubourg Saint-Gilles abattu (3).

Cependant, le roi avait embrassé le catholicisme et l'excommunication du pape avait été levée. Le Puy, la seule ville du royaume qui résistât encore au roi huguenot, se soumit enfin en 1595, et salua de ses acclamations la paix générale du 5 avril 1596 (4). Henri IV ramena le sénéchal au Puy, rétablit les États du Velay et le Consulat. L'édit de Nantes accorda la liberté du culte nouveau à la région de Tence. L'Auvergne et le Gévaudan s'étaient soumis dès 1594.

(1) *Burel*, 249 et suivantes.
(2) *Imberdis*, II, 322, 402 et suivantes. — *Burel*, 359.
(3) *Burel*, 363-390.
(4) *Burel*, 438.

*
* *

Les convulsions violentes des guerres religieuses avaient
montré la ténacité bien connue des habitants et mis en relief
quelques hommes qui, comme les Saint-Vidal, les Sénectère, les
d'Alègre auraient, dans d'autres temps, pu rendre des services
signalés à leur patrie. Et, chose remarquable, les mêmes convulsions, les ruines et les pertes meurtrières, n'avaient pas
empêché les progrès des lettres et des arts.

En 1555, Gabriel de Saint-Marcel avait, pour ainsi dire, res-
suscité la cour poétique des xiie et xiiie siècles, et un concours
avait été institué dans le but de célébrer, dans des ballades en
vers français, la vierge miraculeuse du Mont Anis. Les concur-
rents furent au nombre de trois cents (1).

Quelques années après mourait un nonagénaire, *Estève Mège*,
qui se fit appeler Étienne de Médicis. C'était un marchand
ami des lettres. Il avait consacré plus de cinquante ans de sa
vie à noter, presque jour par jour, les événements de son
temps ; et, à cette espèce de journal, il avait ajouté les documents anciens de l'histoire du Puy concernant surtout la glorieuse cathédrale et le Consulat. On l'a traité improprement de
chroniqueur. C'est un véritable historien, dont l'œuvre fait
revivre le passé, depuis les origines légendaires du christianisme en Velay, et qui apprécie les événements et les hommes
avec finesse et indépendance. C'est aussi un lettré et un poète,

(1) *Médicis*, I, 465-71, ne décrit pas seulement les clauses du testament de
Saint-Marcel et les péripéties du concours ; il transcrit (p. 466) le *Chant royal*
de Gabriel Ayraud, qui, à son avis, aurait dû obtenir le prix ; il transcrit ensuite « l'oraison *Inviolata* » qu'il avait composée lui-même en se disant « l'in-
férieur de tous les autres composans ».

Dans sa conférence de 1913, *Cours d Amour et Jeux Floraux en Velay (Bulletin de la Société scientifique et agricole de la Haute-Loire*, 1913, pp. 236-44).
M. René Jouanne résume le récit de Médicis, indique à grands traits les productions latines, provençales ou françaises qui avaient antérieurement célébré
la Vierge, reproduit des pièces nouvelles inédites, et signale de nouveaux concours fondés en 1575 par le chapitre, en exécution du testament de Gabriel de
Saint-Marcel, en 1586, par André Dujeune de Montgiraud, et, enfin en 1588, par
les officiers mêmes de la sénéchaussée du Puy.

si bien qu'il mentionne avec amour le trésor littéraire de la province (1).

Estève Mège eut pour successeur *Jean Burel*, dit Boudon, un tanneur qui, né vers 1540, mourut en 1603, et consacra ses loisirs à rédiger le récit des événements dont il fut témoin et acteur. Ligueur farouche, il a laissé une peinture animée, souvent passionnée, mais toujours véridique, du drame qu'il a vécu. Son fils continuera son œuvre jusqu'en 1629 (2).

Les Jésuites s'étaient installés au Puy, en pleine ligue, et, sans faire disparaître l'ancienne école de la cathédrale, d'ailleurs en décadence, avaient créé un collège qui fut immédiatement florissant (3). Conformément à leurs habitudes, les nou-

(1) La bibliothèque du Puy possède, en manuscrit, le *Livre de Podio* d'Étienne de Médicis ou Estève Mège. L'ouvrage a été magnifiquement édité et commenté en 1869-1874 par A. Chassaing, et c'est à cette édition que je me suis toujours adressé pour rédiger les nombreuses notes que m'a fournies l'ouvrage. Mège contribua à rédiger un *compois* (cadastre) du Puy en 1544, et ce compois est en manuscrit aux archives de la Mairie. Enfin, Mège avait laissé un *Livre de raison* ou *Livre de comptes*, rédigé en langue d'oc, dans lequel A. Jacotin a récemment puisé les éléments de la *Vie d'un bourgeois au XVIe siècle* (*Publications de la Société des études locales*, 1922). L'ouvrage a malheureusement disparu et M. Boudon-Lashermes n'en a retrouvé que quelques pages, publiées en 1922 dans la *Crounico de Sant Maiou*, organe des félibres du Velay.

Les études sur Étienne de Médicis et son œuvre se trouvent dans Mandet, *Histoire poétique et littéraire de l'ancien Velay*, Paris, 1842, in-4°, pp. 142-48 ; dans l'édition Chassaing du *Livre de Podio*, ou *Chroniques d'Étienne de Médicis*, Le Puy-en-Velay, Marchessou, 1874, t. II, préface, pp. i-xlvii. J'ai moi-même consacré une page à Étienne de Médicis, dans l'*Archivum romanicum*, Genève, 1919, pp. 352-54.

(2) Le manuscrit des *Mémoires de Burel* se trouve à la bibliothèque du Puy. L'ouvrage a été édité et soigneusement documenté par A. Chassaing, en 1875, et c'est à cette édition que je me suis constamment adressé pour rédiger les nombreuses notes que j'ai empruntées à l'ouvrage.

Les études sur Burel et son œuvre se trouvent : 1° dans Mandet, *Hist. poétique et littéraire de l'ancien Velay*, Paris, 1842, in-4°, pp. 169-180; 2° dans l'édition A. Chassaing, *Mémoires de Jean Burel, bourgeois du Puy*, Le Puy-en-Velay, 1875, in-4°, préface, pp. i-xxxvi.

(3) *Burel*, 106. — L'histoire documentée du Collège du Puy est due à J. Denais, un ancien rédacteur en chef de l'*Écho du Velay*: *Recherches historiques sur le collège du Puy-en-Velay* (1570-1791), Paris, 1878. Depuis, M. Boudon-Lashermes a tiré parti de cet ouvrage dans deux de ses livres : 1° *Le Vieux Puy; la vie d'autrefois*; 2° *L'enseignement au Puy sous l'ancien régime*.

veaux maîtres de la jeunesse organisèrent des représentations
théâtrales qui furent de grandes fêtes. Souvent les pièces représentées, qui étaient des *mystères* ou même des *tragédies sacrées*
conçues à la mode de la Renaissance, c'est-à-dire d'après des
modèles antiques, venaient d'ailleurs (1). Mais des professeurs
mêmes du nouveau collège en composèrent qui furent vive-
ment applaudies et *Mondot* (2), le prieur de Saint-Pierre-le-
Monastier, un couvent de la ville, mit au jour plusieurs œuvres,
notamment l'*Histoire de Joseph* et celle de *Daniel*, dont il ne
reste malheureusement que les analyses sommaires de Burel.

Enfin, par Antoine Duverdier, seigneur de Valprivas, le
Velay prenait sa place dans le mouvement si fécond de la
Renaissance. Duverdier, poéte, rhéteur, moraliste, a laissé,
entre autres œuvres, une *Bibliothèque françoise* qui est encore

(1) On représenta : 1° en 1575, *David et Goliath* (*Burel*, 4, sans mention
d'auteur) ; 2° en 1585, *Judith et Olopherne* (*Burel*, 90, sans mention d'auteur) ;
3° en 1593, le *Mauvais Riche* (*Burel*, 342, sans mention d'auteur) ; 4° en 1589,
les *Misères de la vie humaine*, pièce jouée au collège aux frais des consuls
(L. Pascal, *Bibliographie de la Haute-Loire*, 464) ; 5° en 1589 encore, *La Manne
donnée aux Juifs dans le Désert*. (L. Pascal, *ibid.*, 464) ; 6° en 1600, l'*Histoire
du petit Joseph* (*Burel*, 478, auteur Mondot) ; 7° en 1608, l'*Histoire de saint
Alexis* (*Burel*, 498, auteur le régent de rhétorique du Collège « fort savant! ».
(L. Pascal, *ibid.*, 464) ; 8° en 1609, l'*Histoire de Daniel* (*Burel*, 500, auteur Mondot, L. Pascal, *ibid.*, 464). — Cf. René Jouanne, *Cours d'amour et Jeux Floraux en Velay* (*Bulletin de la Société agricole et scientifique de la Haute-Loire*.
1913, p. 253.

(2) Mondot (Jacques) a une brève notice dans la *Bibliothèque françoise* de Du
Verdier, éd. Rigoley de Juvigny, Paris, 1773, t. IV, p. 290. Mandet lui a consacré incidemment une petite page dans son *Hist. poétique et littéraire de l'Ancien
Velay*, pp. 207-209... L. Pascal (*Bibliographie de la Haute-Loire*, 414, 462) a
soigneusement énuméré ses ouvrages qui sont les suivants : 1° *Les cinq livres
des Odes de Q. Horace Flacce, traduits du latin en vers françois par J. Mondot.
Velaunois, docteur en droit canon*, Paris, Poncelet, 1579 ; (un exemplaire de ce
livre, devenu introuvable, existe à la bibliothèque du Puy) ; 2° *Quinze sonnets
spirituels sur les quinze effusions du sang de notre Rédempteur*, Paris, Poncelet, 1579 ; 3° *Tombeau et épitaphe sur la mort de très haut et très puissant
seigneur Monseigneur le duc de Guise*, Paris, Bichon, 1589. (Cf. René Jouanne,
op. cit., 244-50).

A ces œuvres, il faut ajouter les histoires du *Petit Joseph* et de *Daniel* citées
ci-dessus, et enfin une tragédie qui n'a jamais été imprimée et peut-être jouée :
*Tragédie sur la mort de Sophonisba de Carthage fille d'Asdrubal et femme de
Syphax, Roy de Numidie. (Du Verdier, op. cité,* IV, 290).

un livre de chevet pour les érudits. L'auteur y analyse jusqu'au mystère de Claude Dolezon représenté en 1512 sur la place du For (1).

Dix-septième siècle.

Mais ce que nous appelons la *centralisation* était achevé. L'évêque du Puy restait *comte de Velay* et présidait les États de la province (2) ; mais il était, depuis Antoine de Chabannes, mort en 1531, nommé par le roi en vertu du concordat de 1516. Il était donc, en réalité, un délégué du pouvoir central. Les seize barons qui représentaient la noblesse aux États, avec le vicomte de Polignac à leur tête, n'avaient plus de forces militaires ; leurs châteaux vont bientôt être démolis ou tomber en ruines. Les villes elles-mêmes raseront prochainement leurs murailles. Les États sont sous la dépendance de ceux du Languedoc. L'histoire des anciennes provinces à demi autonomes deviendra donc purement *anecdotique*, et déjà le troisième historien du Velay, *Jacmon*, successeur des Estève Mège et des

(1) Antoine Duverdier (1544-1600) n'a jamais été, que je sache, l'objet d'aucune étude dans notre département. Il ne méritait pas cette indifférence, et heureusement, les grandes encyclopédies ne l'ont pas oublié (voir notamment le *Dictionnaire Larousse*, éd. de 1873, tome VI (D), p. 1453). — La *Bibliothèque* « contenant le catalogue de tous les auteurs qui ont écrit en françois, etc. » fut imprimée à Lyon en 1586. Elle a été, par Rigoley de Juvigny, en 1773, jointe à celle de La Croix du Maine, et forme avec elle une publication en six volumes. Claude Dolezon y est signalé, t. III, p. 341. Le fils d'Antoine, Claude, seigneur de Valprivas, fut poète comme son père.

(2) Les *États du Velay*, dont les sessions sont assez soigneusement énumérées dans Arnaud, *Hist. du Velay, passim*, n'ont encore, à ma connaissance, été l'objet d'aucune étude spéciale. Ils formaient une assemblée, calquée en petit, sur les États généraux de la France, c'est-à-dire, qui comprenait des représentants du Clergé, de la Noblesse et du Tiers-État. Ils se réunissaient annuellement, le plus souvent au Puy, pour établir le montant et l'emploi des impôts. Des procès-verbaux de leurs séances existent, à partir de 1494, dans des registres qui se trouvent aux Archives de la Haute-Loire. Arnaud (*Hist. du Velay*, 1, 275) a indiqué la composition de l'assemblée en 1494, à Yssingeaux, mais pour le clergé et la noblesse seulement. Il est utile de lire, au sujet des États, le chapitre suivant de la *Vicomté de Polignac*, par Truchard du Molin, éd. Chassaing, Paris, Didot, 1892 ; ch. XIV, pp. 221-83 : « Les vicomtes aux États du Velay, de 1691 à 1715. »

Burel, dont la chronique s'étendra jusqu'en 1651, sera un simple spirituel narrateur d'anecdotes (1).

La peste était revenue en 1629-1630 et aurait fait, dit-on, dix-huit mille victimes. Un tableau de *Solvain*, qui est à la cathédrale, remémore les actions de grâces que provoqua la cessation du fléau.

Richelieu devint abbé de la Chaise-Dieu (2), et ce n'est pas le seul lien qu'il ait eu avec la région : Gaston d'Orléans passe au Puy en 1632 (3), et y convertit à sa cause quelques partisans, entre autres Mathieu de Morgues (4), seigneur de Saint-Germain-Laprade. La répression fut sévère : des nobles furent arrêtés et leurs châteaux détruits. Le Puy vit démolir la demeure d'un de ses meilleurs avocats.

Cependant, le Cardinal, ami des lettres, avait accueilli à Paris *Jean Baudoin*, de Pradelles (1584-1650), dont il fit un membre de l'Académie française, dès la création de la savante compagnie. Baudoin occupa le 16ᵉ fauteuil. Il avait été le protégé, à Usson, puis à Paris, de Marguerite de Valois, la femme répudiée de Henri IV, puis celui de Marcilhac, une victime

(1) La bibliothèque du Puy possède le manuscrit de Jacmon. A. Chassaing en a dressé une excellente édition en 1885 : *Mémoires d'Antoine Jacmon...* Le Puy-en-Velay, Marchessou, in-4° de xiv-308 pages. Mandet, (*Hist. poétique et littéraire de l'ancien Velay*, 180-81), avait déjà consacré une courte notice à l'auteur et à son œuvre dans la préface de son édition. Enfin L. Pascal, dans sa *Bibliographie de la Haute-Loire*, Le Puy, Marchessou, 1900, pp. 570-72, a résumé dans une excellente notice tous les travaux qui concernent Jacmon et son livre.

(2) A. Jacotin, *Histoire de l'abbaye de la Chaize-Dieu par dom François Gardon, de Riom*, Le Puy, 1912, pp. 237-47. Il n'est pas inutile de signaler qu'à sa mort, Richelieu laissa l'abbaye à son frère (*Ibid.* 274) et qu'ensuite (1653-1661) le couvent passa au pouvoir de Mazarin (*Ibid.* 274).

(3) Arnaud, *Hist. du Velay*, II, 137.

(4) Mathieu de Morgues de Saint-Germain (1582-1670) fut le prédicateur ordinaire du roi Louis XIII et le premier aumônier de Marie de Médicis. Dévoué à cette dernière, il écrivit divers ouvrages contre le cardinal de Richelieu, et faillit être arrêté en 1631, en Velay, sur l'ordre du redoutable ministre. — Mandet, *Hist. poétique et littéraire de l'ancien Velay*, 185-99, lui a consacré une excellente notice, mais ne dit rien des relations du prédicateur avec Gaston d'Orléans. — De Morgues fut un écrivain très fécond, et L. Pascal, (*Bibliographie de la Haute-Loire*, notamment pp. 146-150), a soigneusement indiqué ses nombreux ouvrages.

même de l'implacable cardinal. Ses œuvres sont si nombreuses que les bibliographies renoncent à les énumérer dans leur ensemble. Elles consistent surtout en traductions du latin, de l'espagnol et de l'italien, et montrent à quel degré de culture on arrivait parfois à l'aurore du grand siècle (1).

Les Polignac trouvaient, vers 1642, dans Chabron, un juge de leur vicomté, un historien qui, émule de Justel, projetait des clartés précises sur les annales de la province et toutes les alliances de ses maîtres (2). Odo de Gissey faisait revivre dans un livre admirablement documenté, les gloires de Notre-Dame d'Anis (3).

(1) Baudoin de Pradelles a été l'objet d'une notice très précise de la part de l'abbé Sauzet, dans les *Annales de la Société académique du Puy* (1835-36), p. 161. — Mandet, *Hist. poétique et littéraire de l'ancien Velay*, 257-65, s'inspira de ce travail pour rédiger à son tour une notice très méritoire. — La bibliographie des œuvres de Baudoin est donnée, un peu dispersée, par L. Pascal dans sa *Bibliographie de la Haute-Loire*, passim.

(2) Chabron, dont l'ouvrage est souvent cité, n'a encore été l'objet d'aucune étude particulière. Je lui ai consacré une brève notice dans l'*Archivum romanicum*, Genève, 1918, en empruntant à son œuvre un passage que j'ai publié sous le titre : « La langue d'oïl et la langue d'oc à Chalancon (Velay) en 1397 ». A. Jacotin a aussi inséré quelques pages de l'œuvre dans ses *Preuves de la Maison de Polignac* (passim). Mais l'œuvre elle-même est encore manuscrite. En 1869, la Société académique du Puy obtint l'autorisation d'en faire une copie; celle-ci fut reproduite à son tour en quelques exemplaires, et la bibliothèque du Puy en possède un, qui contient malheureusement bien des fautes. Titre : *Histoire de la maison de Polignac, avec les généalogies et armes de la plupart des illustres familles qui y ont été alliées...* par Gaspard Chabron, docteur et avocat en la sénéchaussée et siège présidial d'Auvergne à Riom, et juge de la vicomté de Polignac ».

(3) Odo de Gissey, qui fut professeur, vers 1609, au collège des Jésuites du Puy, a été l'objet d'une courte étude par Mandet, dans l'*Histoire poétique et littéraire de l'ancien Velay*, 219-21. — Cf. L. Pascal, *Bibliographie de la Haute-Loire*, pp. 378 et 603. On peut dire que l'ouvrage d'Odo de Gissey est celui qui a fourni le plus de documents sûrs aux historiens postérieurs du Velay.

Il est utile d'ajouter à cette liste d'écrivains divers de la première partie du XVIIe siècle, les noms suivants :

1º Hugues d'Avignon, l'auteur d'un poème épique, LA VELLEYADE, *ou délicieuses merveilles de l'Eglise Nostre Dame du Puy, et païs de Velay*, 1630. — Cf. Mandet, *Hist. poétique et littéraire de l'ancien Velay*, 204-14, et L. Pascal, *Bibliographie de la Haute-Loire*, 410-11.

2º L'abbé Cordat, qui, vers 1638, composa des poèmes français ou patois

L'époque de Richelieu avait été dure pour les petits et les
tailles avaient demandé aux provinces tout ce qu'elles pouvaient
donner. Néanmoins, la vie devenait plus facile : au Puy, la tan-
nerie était une industrie florissante depuis Louis XII. A l'aube
du xviie siècle parut celle de la dentelle, qui devait se répandre
jusque dans les campagnes les plus reculées et les plus
humbles foyers, et donner une renommée universelle à la
région (1).

La poste fut établie au Puy en 1639, et, dès 1608, l'imprimerie
avait commencé à reproduire les instructions de l'Eglise
d'Anis. Elle était appelée à se perfectionner au point qu'une
maison du Puy imprime aujourd'hui les études philologiques
les plus ardues, et notamment celles de la Société des anciens
textes (2).

Le règne de Louis XIV est marqué en Velay par l'habile
administration de l'évêque Armand de Béthune (1667-1703) (3),
un ami éclairé des arts. Le prélat attire ici, de Montpellier, le
sculpteur Vaneau, qui décore de ses chefs-d'œuvre sur bois,
la cathédrale, la façade délicate de la chapelle de l'hôpital

concernant les événements du temps et les mœurs du Velay. Les poèmes
patois ont été édités par l'abbé Payrard : *Noëls Vellaves* (1631-1648) publiés
avec introduction et notes, Le Puy, Freydier, 1876.

3º Jacques Branche, prieur-mage de l'abbaye de Pébrac, né à Paulhaguet,
qui fut poète et écrivit surtout les *Vies des saints d'Auvergne*. Cf. Mandet,
Hist. poétique et littéraire de l'ancien Velay, 221-24. -

4º Saint François Régis, qui a attaché son nom à l'industrie de la dentelle,
fut professeur au collège du Puy, prêcha diverses missions, surtout dans la
région de Montfaucon, et mourut à La Louvesc (Vivarais) où son tombeau est
encore l'objet de pieux pèlerinages.

(1) *Mémoires de Jacmon*, 150 (année 1640).

(2) C'est la maison Marchessou, 23, boulevard Carnot, Le Puy.

(3) *Gallia christiana nova*, II, col. 739-740. Le prélat était un orateur et il
faut citer de lui : 1º *l'oraison funèbre de Pierre Séguier, chancelier de France*,
en 1672; 2º *l'oraison funèbre de Marie-Thérèse*, reine de France, femme de
Louis XIV, à la cathédrale de Notre-Dame du Puy, 23 septembre 1683. Cette
oraison a été réimprimée dans les *Tablettes du Velay*, 4e année, et Ch. Rocher,
à cette occasion, a rédigé une excellente notice biographique concernant le
prélat (pp. 187-223).

                           C. FABRE

général, l'église de la Chaise-Dieu et celle de Saint-Julien de Brioude (1).

Des hommes de guerre de première valeur vont servir la patrie dans les grandes guerres du règne.

Yves, marquis d'Alègre (1653-1733) seconde Condé en 1676 et prend part aux faits les plus saillants de la lutte contre la ligue d'Augsbourg. Il est maréchal de camp en 1693. La guerre de la succession d'Espagne le trouve lieutenant-général ; il s'illustre dans la campagne de Flandre, en 1705, puis en 1712 et gouverne successivement le Languedoc, Metz et Verdun, et enfin la Bretagne en 1724, après avoir été créé maréchal de France (2).

Le vicomte de Polignac, Armand-Scipion-Sidoine-Apollinaire Gaspard, commence à servir en 1677, et se distingue successivement en Flandre, en Catalogne, en Allemagne, et enfin surtout dans la Savoie et les Alpes avec Berwick et Catinat : il devient gouverneur du Velay et lieutenant-général des armées du roi en 1718 (3).

(1) Vaneau a une bonne notice dans Mandet, *Histoire poétique et littéraire de l'ancien Velay*, 379-88. — En 1882, Marius Vachon lui consacra le livre suivant : *La vie et l'œuvre de Pierre Vaneau, sculpteur français du xviie siècle et le monument de Jean Sobieski*, Paris, in-fol. (reproduction du monument, 4 photographies et 19 dessins). M. Gautheron a entrepris, dans plusieurs communications à la *Société académique du Puy*, (V. *Bulletins* de cette Société à partir de 1913) d'étudier la vie et l'œuvre du sculpteur, en complétant et corrigeant les données sommaires et parfois inexactes de Mandet et de Vachon. — D'ailleurs, en ce qui concerne les Beaux-Arts au Puy et dans le département, il faut voir les études de M. Gautheron dans les mêmes *Bulletins*; ces études sont le premier travail d'ensemble sur les peintres et les sculpteurs de la région. — M. Langlade, dans son beau livre : *Les villes d'Art célèbres. Le Puy et le Velay*, Paris, Laurens, 1921, a aussi consacré à Armand de Béthune et à Vaneau, (pp. 86-89) des notices succinctes, mais de premier ordre. Voir aussi le petit ouvrage du même auteur sur l'*Abbaye de la Chaise-Dieu*.

(2) Truchard du Molin, *Biographie des officiers généraux de la Haute-Loire* (*Annales de la Société académique du Puy*, t. XV, 1850, pp. 235-40). L'article est suivi d'une courte notice *bibliographique*, à laquelle il n'y a guère à ajouter que la mention de l'*Armorial général du Velay*, par G. Paul, Paris, Champion, 1912, p. 458.

(3) Truchard du Molin, *Biographie des officiers généraux de la Haute-Loire*, (*Annales*, etc.), pp. 350-52.

Mais son frère cadet, le cardinal Melchior de Polignac (1661-1741), est le grand personnage de la fin du règne de Louis XIV et du règne de Louis XV. Il suit le cardinal de Bouillon à Rome en 1688 et 1691, puis est envoyé comme ambassadeur en Pologne. Sa mission échoue et il occupe les loisirs qui la suivent à composer l'*Anti-Lucrèce* (1), qui le conduit à l'Académie française en 1701. En 1707, il est de nouveau à Rome, auditeur de rote, puis en Hollande en 1710. C'est là qu'il rend les plus grands services comme négociateur du traité d'Utrecht : Louis XIV lui fait obtenir le chapeau de cardinal. En 1724, il retourne à Rome où, pendant huit ans, il représente avec éclat la politique de la France auprès du Saint-Siège (2).

Règnes de Louis XV et de Louis XVI.

Les règnes de Louis XV et de Louis XVI sont encore une période où l'histoire de nos provinces est purement anecdotique. L'administration est des plus régulières en Velay, où le régime des Etats est libéral et bienfaisant. Il n'en est pas toujours de même dans la région de Brioude, qui est restée pays d'élection entièrement soumis à l'intendant d'Auvergne (3). Le

(1) La bibliothèque du Puy possède, de l'*Anti-Lucrèce*, un exemplaire de la belle édition de 1747, en deux volumes : *Anti-Lucretius, sive de Deo et Natura, libri novem, Emnientissimi S. R. E. Cardinalis Melchioris de Polignac opus posthumum*. (Notice dans L. Pascal, *Bibliographie de la Haute-Loire*, pp. 447-50).

(2) La carrière du cardinal est de connaissance courante, et toutes les encyclopédies la reproduisent dans de copieuses notices. En Velay, il faut noter : 1º la notice que Mandet lui a consacrée dans son *histoire poétique et littéraire de l'Ancien Velay*, pp. 243-54 ; 2º Le beau livre qu'a écrit sur lui, en guise de thèse, en 1922, M. Pierre Paul : *Le cardinal Melchior de Polignac (1661-1741)*, Paris, Plon-Nourrit ; 3º enfin, l'étude en cours de publication de M. Ulysse Rouchon : *Mission du Cardinal Melchior de Polignac à Rome (1724-1732)* (*Bulletin de la Société scientifique et agricole de la Haute-Loire*, à partir de 1914, fascicules 3-4, et fascicules suivants (*Bulletin de la Société académique*).

(3) M. Ulysse Rouchon a récemment tracé un court tableau de la vie à Brioude dans l'étude qu'il a consacrée à *J.-B. Grenier, député de la sénéchaussée de*

chapitre de Brioude même, formé de chanoines-comtes d'ancienne noblesse, est autoritaire et égoïste. Enfin, la ferme des impôts pèse lourdement. Aussi, en 1754, Mandrin est-il accueilli, au Puy même, avec sympathie. Sa petite troupe subit toutefois, près de Pradelles, l'échec qui mit fin à la célèbre carrière du bandit (1).

C'est au XVIIIe siècle que la région doit le superbe réseau de routes qui la traverse, et dont les grandes voies sont : 1º celle de Nîmes à Clermont par le plateau de Pradelles, Le Puy et Saint-Paulien ; 2º celle de Lyon à Toulouse, par Yssingeaux, Le Puy et Chapeauroux ; 3º la voie du Puy à Clermont, par Brioude et Issoire.

L'industrie de la dentelle était de plus en plus florissante, et la rubannerie, installée à Monistrol, à Montfaucon, à Saint-Didier-la-Séauve, liait étroitement cette riche région à la prospérité croissante de Saint-Etienne. La papeterie, qui s'était installée dès 1635 près de Saint-Didier-la-Séauve, se répandait dans la région de Tence.

Vers le milieu du siècle, Antoine Clet (1701-1785) fit applaudir au Puy des comédies bi-lingues, *Monsieur Lambert* et le *Sermon manqué*, où les vers en langue d'oc, pleins de malice et d'esprit, ont plus de naturel que les vers français. Ces pièces, encore aujourd'hui populaires, ont eu le mérite de faire revivre quelques menus faits caractéristiques de la vie locale. Il en est de même du *Borgne*, du même auteur, qui a été écrit entièrement en français, et qui est encore en partie inédit (2).

Riom à l'Assemblée [*nationale* (1751-1838). (*Amitiés Foréziennes et Vellaves*, à partir du n° d'octobre 1924. V. notamment le début de l'étude, pp. 735-36).

(1) L'histoire de Mandrin est du domaine courant (V. *Dictionnaire Larousse*, éd. de 1873). — Les méfaits du brigand dans le Velay et les environs, au Puy, à Brioude, à la Chaise-Dieu, à Pradelles, à Tence et à Saint-Didier-la-Séauve sont relatés sobrement par Arnaud, *Histoire du Velay*, II, 315-17.

(2) Antoine *Clet* et son œuvre sont l'objet d'une bonne notice dans L. Pascal. *Bibliographie de la Haute-Loire*, pp. 450-52. Mandet, *Histoire poétique et littéraire de l'ancien Velay*, pp. 302-346, avait déjà consacré en 1842, une courte notice au poète, et publié à la suite *Monsieur Lambert*. La Société académique éditera prochainement *Le Borgne*, et, en 1923, à l'occasion de la Sainte Estelle célébrée au Puy par le Félibrige, une plaque commémorative a été placée sur la maison qu'habita A. Clet, rue du Collège. A cette occasion, M. Chossegros rappela, dans un discours en langue d'oc, la carrière et l'œuvre de l'écrivain.

Un élève de Vaneau, Michel, était mort professeur à l'Académie de Madrid (1), mais « l'élégant et noble » statuaire Julien (1731-1803) était né à Saint-Paulien (2).

Enfin, quatre hommes de guerre furent les dignes successeurs d'Yves d'Alègre.

Le marquis Jean Hector Fay de *La Tour Maubourg* (1684-1764) était né au château de Maubourg et avait servi dans la guerre de la succession d'Espagne, de 1701 à 1713, sous les maréchaux Villars et Berwick. Créé maréchal de camp en 1734, puis lieutenant-général en 1738, il commanda des armées en Bavière, puis en Flandre et sur le Rhin, de 1743 à 1746. En 1747, il fit une nouvelle campagne en Flandre, sous les ordres directs du roi, s'empara de Maestricht et combattit à Fontenoy. Créé maréchal de France en 1757, il mourut à Paris en 1764 (3).

Joubert, né à Monistrol, s'illustra d'abord pendant la guerre de la succession d'Autriche en Bavière. Il prit part ensuite à la défense du Canada, puis à la guerre contre la Prusse en Allemagne. De 1762 à 1774, il fut gouverneur de Marie-Galande,

----

(1) Le sculpteur *Michel* et son frère, qui devint architecte, ont une notice biographique dans Mandet, *Histoire poétique et littéraire de l'ancien Velay*, 389-92. — M. Langlade a récemment rapporté de Madrid des photographies, encore inédites, de l'œuvre du sculpteur. Dans son beau livre : *Le Puy et le Velay* (*Villes d'art célèbres*), p. 89, il regrette que Le Puy « ne possède aucune sculpture originale de Robert Michel ».

(2) Tous les dictionnaires concernant les beaux-arts consacrent, depuis plusieurs années, au sculpteur Julien et à son œuvre, de copieuses notices très documentées. En Velay, Mandet a rédigé une première étude, dès 1842, dans son *Histoire poétique et littéraire de l'ancien Velay*, 389-404 ; il s'était inspiré d'une notice lue dans une séance de l'Institut par Joachim Le Breton, le 6 vendémiaire, an 4. — Depuis, un buste de sculpteur a été érigé dans sa ville natale, à Saint-Paulien. — En 1913, P. Le Blanc a publié dans le *Bulletin de la Société scientifique et agricole de la Haute-Loire*, pp. 205-13, trois lettres inédites de Julien à un de ses amis du Puy, en 1789 et 1790. (Cf. *Annales du Midi*, t. XXXVI, p. 351). — Malheureusement, le Puy ne possède aucune sculpture de Julien.

(3) Truchard du Molin, *Biographie des officiers généraux de la Haute-Loire* (*Annales de la Société académique du Puy*, t. XV, 1850, pp. 307-313). — La notice, très précise, est suivie d'une courte *bibliographie*, à laquelle il n'y aurait à ajouter que les encyclopédies parues depuis 1850.

puis commandant en second à La Martinique ; revenu en France
et nommé maréchal de camp, il mourut à Lyon en 1780 (1).

Le comte *Jourda de Vaux* (1705-1788), né dans son château
près de Retournac, entra au service du roi en 1724, au régiment d'Auvergne. Il est en Italie en 1734, puis une première
fois en Corse en 1738-1739. Il combat ensuite en Bohême et à
Fontenoy et devient maréchal de camp en 1748. La guerre de
sept ans le trouve successivement sur tous les champs de bataille
du Rhin et des Pays-Bas. Mais son impérissable titre de gloire
est la conquête de la Corse en 1769. En 1779-80, il prépare une
expédition contre l'Angleterre, et il devient maréchal de France
en 1783. Il était à Grenoble pour y apaiser les premiers fer-
ments de la Révolution lorsqu'il mourut dans cette ville en
1788 (2).

Le marquis François de *Bouillé* (1739-1800) était né près de
Langeac, et commença à se distinguer pendant la guerre de
Sept ans. Il gouverna ensuite la Guadeloupe et s'empara de
La Dominique dès le début de la guerre contre l'Angleterre
pour l'indépendance américaine. Son rôle fut magnifique dans
les Antilles où cependant il manquait de soldats et souvent
d'argent et de munitions. Revenu en France après la paix de
Versailles (1783), il gouverna les Trois-Évêchés, puis, admira-
teur du gouvernement anglais, il fut un serviteur vigilant de

(1) Truchard du Molin, *Biographie des officiers généraux de la Haute-Loire*
(*Annales de la Société académique du Puy*, t. XV, 1850, pp. 269-70).

(2) Truchard du Molin, *Biographie*, etc., pp. 271-78. La notice, très précise,
est suivie d'une courte *bibliographie* dans laquelle il faut signaler un *Discours
par M. le comte de Vaux*, publié aussi par les *Annales*, en 1839-40, p. 225.
— En 1874, Truchard du Molin précisa la biographie du maréchal, qui était
baron de *Roche-en-Régnier*, dans sa belle monographie déjà citée de cette
baronnie, pp. 196-208. — Enfin, en 1876, Henri Mosnier consacra au Maréchal
une notice complémentaire et anecdotique, tirée de l'*Histoire de la Corse et de
ses révolutions*, par l'abbé de Germanes, Paris, 1776, ainsi que d'une brochure
très rare, due à un anonyme, compagnon d'armes du maréchal : *Eloge historique de M. le maréchal de Vaux*, 1788, sans lieu ni date. — La notice d'Henri
Mosnier a paru chez Marchessou, Le Puy, sous le simple titre : *Le Maréchal
de Vaux* (Cf. A. Jacotin, *Nomenclature des rues du Puy*, à l'article concernant
la rue *Maréchal de Jourda de Vaux. Bulletin de la Société académique*, 1923,
p. 14).

la Constituante, qui le nomma général en chef de l'armée de
Meuse-Sarre et Moselle, et voulut le créér maréchal de France.
Compromis lors de la fuite du roi à Varennes, il dut passer à
l'étranger et servir un moment dans l'armée de Condé. Mais
il se rendit en Angleterre en 1794, écrivit des *Mémoires sur la
Révolution*, et mourut à Londres (1).

Le marquis de La Fayette, né en 1757, au château de Chava-
niac, était déjà célèbre depuis plus de dix ans lorsqu'éclata la
Révolution ; il devait remplir le monde de son nom pendant
quarante ans encore, et nous ne dirons rien de lui : son histoire
que la dernière guerre a encore popularisée, se confond avec
celle de l'Amérique et de la France (2).

(1) Truchard du Molin, *Biographie des officiers généraux de la Haute-Loire*
(*Annales de la Société académique du Puy*, t. XV, 1850, pp. 250-257).

(2) Une bibliographie concernant le général La Fayette demanderait, à elle
seule, plusieurs pages. Je signale d'abord, au lecteur qui, par hasard, ignorerait
l'histoire de cet homme considérable, la notice de Truchard du Molin dans la
Biographie des officiers généraux de la Haute-Loire (*Annales de la Société
académique du Puy*, t. XV, 1850, pp. 297-307). Cette courte notice est un
résumé d'une précision admirable. Mais La Fayette a trouvé, même pendant
sa vie, des historiens nombreux et divers. Je signale ci-après les ouvrages les
plus importants parus en France :

1. A. Bardoux, *La jeunesse de La Fayette* (1757-1792). Paris, Calmann-Lévy.
1892, in-8° de 409 pages. — 2. Regnault-Warin, *Histoire de La Fayette en Amérique*, précédée d'une notice sur sa vie, Paris, 1832, in-8° de 393 pages. —
Regnault-Warin, *Mémoires pour servir à la vie du général La Fayette et à
l'histoire de l'assemblée constituante*. Paris, 1824, in-8° de 391 pages. — 5.
Anonyme, *Mémoires historiques et pièces authentiques sur M. de La Fayette,
pour servir à l'histoire des révolutions*, Paris, au second an de la liberté
française, in-8° de 303 pages. — 6. A. Levasseur, *Lafayette en Amérique
en 1824-1825, ou Journal d'un voyage aux Etats-Unis*, Paris, 1829, 2 vol.
in-8° de 509 et 632 pages. — 7. A. Morin, *Itinéraire du Général La Fayette de
Grenoble à Lyon, précédé d'une notice historique sur cet illustre citoyen*, Lyon,
1829, broch. de 124 pages in-8°. — 8. B. Sarrans, *La Fayette et la révolution
de 1830. Histoire des choses et des hommes de juillet*, Paris, 1832, 2 vol. in-8°
de 366 et 420 pages. — 9. Jules Cloquet, *Souvenirs sur la vie privée du Général
Lafayette*, Paris, 1836, in-8° de 394 pages. — 10. A. Boulée, *Notice sur le Général Lafayette* (imprimée par extrait dans la *Biographie universelle*), Paris, 1841,
in-8° de 204 pages. — 11. *Mémoires, correspondance et manuscrits du Général
La Fayette*, publiés par sa famille, Paris, 1837-38, 6 vol. in-8° de plus de
500 pages chacun en moyenne. Les documents sont soigneusement classés par
ordre de dates. — Le même ouvrage, légèrement remanié et augmenté, a été

Depuis la Révolution.

Avec la Révolution s'ouvre l'histoire connue de tous, et l'annaliste n'a rien à rappeler de particulier dans un résumé général et succinct des faits.

Dès 1788, deux assemblées de notables se réunissent au Puy ; le marquis de La Tour Maubourg préside la première ; il est élu député de la noblesse aux États-Généraux, en même temps que La Fayette est élu par l'Auvergne (1).

Dès 1790, malgré quelques résistances, le département de *Velay*, puis de la *Haute-Loire* était constitué. L'arrondissement de Brioude était détaché de l'Auvergne, mais le département entier était séparé du Languedoc et devenait une dépendance du Puy-de-Dôme dans l'ordre judiciaire et militaire. Saugues avait sollicité son incorporation dans la nouvelle division admi-

édité à Bruxelles en 1838-39. Cette édition est un in-4°, imprimé sur deux colonnes et en deux volumes de 531 et 616 pages. — 12. Jules Thomas, *Correspondance inédite de La Fayette, lettres de prison et d'exil* (1793-1801), précédée d'une étude psychologique. Paris, Delagrave, sans date, mais vraisemblablement de 1910. — 13. Henri Doniol, *Histoire de la participation de la France à l'établissement des États-Unis* (Correspondance diplomatique et documents), Paris, Imprimerie Nationale, 1886, 5 gros volumes in-4°. Ce grand ouvrage contient tout ce qu'on peut raisonnablement souhaiter sur La Fayette pendant sa jeunesse et sa belle carrière en Amérique. — 14. Charavay (Étienne), *Le général La Fayette, 1757-1834, notice biographique*, Paris, au siège de la Société de l'histoire de la Révolution française, 1898, in-8° de 652 pages, soigneusement documenté à l'aide des archives de France et d'Amérique. — 15. Louis de Royaumont *La Fayette et Rochambeau au pays de Washington. La guerre de l'indépendance américaine* (1776-83), Grenoble, Rey, éditeur, 1919. Grand in-4° de 155 p. avec des cartes et de nombreuses illustrations. — 16. La bibliothèque du Puy a réuni, sous le n° 6681, une collection de brochures, parmi lesquelles se trouve le compte-rendu des fêtes qui marquèrent au Puy, en 1883, l'inauguration de la statue en pied de Lafayette, montrant la cocarde tricolore « qui fera le tour du monde ». — 17. Rouchon (Ulysse), *Un ami de La Fayette, le Chevalier de la Colombe*. [Lettres inédites de La Fayette] (*Amitiés foréziennes et vellaves*, 1924).

(1) A. Boudon, *Les municipalités du Puy pendant la période révolutionnaire*, I, p. 167.

nistrative, et les récriminations de Pradelles, qui voulait rester vivaroise, ne furent pas écoutées (1).

Le nouveau régime fut reçu avec joie par les populations, et, pendant quatre ans, les autorités communales et départementales vécurent en parfait accord. Mais la constitution civile du clergé, puis la loi des suspects (septembre 1793) troublèrent le pays. Les prêtres insermentés furent nombreux, l'évêque, Mgr de Galard, prit le chemin de l'étranger (2) ; 500 arrestations furent opérées, et le tribunal criminel du Puy dut se montrer sévère sous la surveillance des représentants en mission. Alors, des mouvements contre révolutionnaires se produisirent dans les régions d'Yssingeaux et de Saugues, en concordance, d'ailleurs, avec des mouvements plus graves qui se manifestaient dans l'Ardèche et dans la Lozère. On résista à la levée en masse tandis que l'ennemi franchissait la frontière, et des missions secrètes allèrent jusqu'à Coblentz, auprès des princes, et en Suisse, auprès de Mgr de Galard (3).

(1) A. Chassaing et A. Jacotin, *Dictionnaire topographique du département de la Haute-Loire*, 1907. Introduction, pp. xix-xxxviii. — Ch. Godard, *Le Conseil Général de la Haute-Loire*, Paris, Champion, 1909, pp. 9-15.

(2) Sur Mgr de Galard, ses derniers actes au Puy et son départ pour l'exil, voir les chapitres VI, VII et VIII du livre de M. Albert Boudon, *Les municipalités du Puy pendant la période révolutionnaire*, pp. 160-278.

(3) Sur tous ces événements, il y a lieu de consulter les ouvrages suivants : 1º Albert Boudon, *Les municipalités du Puy pendant la période révolutionnaire*, Le Puy, Prades-Freydier, 1894, 5 vol. in-8. — 2º Charles Godard, *Le Conseil Général de la Haute-Loire. Le Directoire et l'administration départementale* de 1790 à 1800. Paris, Champion, 1907, in-8 de 287 pages. Cet ouvrage, dans une notice bibliographique très soignée (pp. x-xviii) indique tous les travaux imprimés ou manuscrits qui concernent l'histoire de la Révolution dans la Haute-Loire. — 3º Gonnet, *Essai sur l'histoire du diocèse du Puy-en-Velay* (1789-1802), *Essai sur l'histoire économique du département de la Haute-Loire*, de 1790 à 1800. Paris, Hachette, 1907, in-8. — 4º Peyriller et Jovy, *La Mission du Conventionnel Pierret dans la Haute-Loire*, Le Puy, Peyriller, Rouchon et Gamon, 1907. — 5º Albert Boudon-Lashermes, *Les chouans du Velay. Le mouvement contre révolutionnaire dans l'ancien diocèse du Puy*, Yssingeaux, Ranchou, 1911, in-8º de 464 p. — 6º A. Trévis, *Livre de compte de l'abbé Glaize* (1791-1807) (*Bulletin de la Société scientifique et agricole du Puy*, 1914). — 7º Comte de Dienne, *Les Derniers seigneurs de Vernassal et de Meyronne. Voyage de Mᵐᵉ de Sérilly dans la Haute-Loire en 1795* (*Mémoires de la Société agricole et scientifique de la Haute-Loire*, t. XVI, 1909-1910, pp. 85-188. — 8º U. Rou-

Les esprits s'apaisèrent peu à peu après le 9 thermidor, et surtout après les convulsions du Directoire.

Le 18 brumaire fut accueilli avec des sentiments divers. On blâma l'entrée des soldats aux Cinq-Cents ; mais la gloire de nos armées emportait tout sentiment de résistance et faisait même disparaître l'esprit montagnard. Le concordat de 1801 ne rétablit pas le diocèse, qui avait un instant été tenu par un prêtre assermenté de Brioude. Mais le département fournit aux armées de l'Empire toute une pléïade de brillants généraux : Roqueplan de Lestrade, Morangiès, Chambarlhac, La Coste-Frévol, les deux La Tour Maubourg-Fay, Mouthon-Duvernet, Louis et Alexandre de Romeuf, Waldeck-Boudinhon, Nempde du Poyet (1).

L'un d'eux, Mouthon-Duvernet, devait mourir victime de la Terreur blanche. Il fut condamné par le conseil de guerre de Lyon et fusillé en juillet 1816 (2).

La Restauration rétablit l'évêché du Puy en 1823, et confia le siège à Mgr de Bonald, un ami des lettres qui ramena de Lyon au Puy les manuscrits d'Etienne de Médicis. L'on sait le rôle du prince de Polignac à la fin du règne de Charles X. La monarchie de juillet s'installa sous les auspices mêmes de La Fayette.

Depuis, la vie locale est devenue de plus en plus paisible, et la Haute-Loire a vécu, comme toute la France, de la vie même de la nation.

En 1870, les mobiles de la Haute-Loire virent le feu à Beaune-la-Rolande, et durent effectuer la cruelle retraite sur la Suisse, après Villersexel.

chon, *Jean-Baptiste Grenier, député de la sénéchaussée de Riom à l'assemblée nationale, député de Brioude*, etc. (1753-1838), in-4°, Paris, Champion, 1925.

(1) Tous ces généraux ont leur notice dans la *Biographie des Officiers généraux de la Haute-Loire*, par Truchard du Molin (*Annales de la Société académique du Puy*, t. XV, 1850), Roqueplan de Lestrade, pp. 381-84 ; Morangiès, 138-41 ; Chambarlhac, 262-64 ; La Coste-Frévol, 284-91 ; La Tour Maubourg-Fay (Marie Victor), 319-28 ; La Tour Maubourg-Fay (Rodolphe), 328-32 ; Mouthon-Duvernet, 341-46 ; Louis de Romeuf, 373-78 ; Alexandre de Romeuf, 378-81 ; Waldeck-Boudinhon, 247-53 ; Nempde du Poyet, 347-50.

(2) Bouchet, *La vie et le procès du général Mouton-Duvernet*, Le Puy, 1844- — Albert Boudon, *Les Municipalités du Puy de 1789 à 1889*, Le Puy, Prades. Freydier, 1892-93, pp. 425-456. Cf. *le général Mouton-Duvernet* par Léon Bugnard, *Rev. de la Revue fr. et de l'Empire* 1916.

L'esprit royaliste reprit une certaine force après 1871 ; mais les élections de 1885 donnèrent la victoire aux républicains, et un député du Puy s'éleva deux fois à la présidence du Conseil, après avoir occupé celle de la Chambre et le ministère de l'Instruction Publique (1). Cependant, en 1905, la loi de la séparation des Églises et de l'État rencontra une résistance tenace en Velay, lors de la confection des *inventaires* (2).

La guerre de 1914-1918 a montré toutes les qualités d'endurance et d'héroïsme des soldats de nos montagnes. La population restée sur les lieux a supporté l'épouvantable épreuve avec une résignation et un stoïcisme que n'avaient jamais connus d'autres temps. La conquête de la paix la trouve aussi résolue et confiante que celle de la victoire. Et ses qualités de travail tenace font refleurir l'industrie, comme le commerce et l'agriculture. Le vieux Velay est réellement une terre de fortes vertus, digne de la nation. La dernière épreuve inscrit à son blason glorieux les noms de milliers de ses fils tombés héroïquement pour la Patrie, mais aussi ceux des vainqueurs et celui d'un nouveau maréchal de France (3).

Et la longue période que nous venons de parcourir en quelques mots a été remarquable dans les lettres et dans les arts.

En l'an VII était fondée au Puy une « Société d'agriculture, sciences et arts », qui devenait très laborieuse dès 1822, et publiait des travaux parfois remarquables concernant l'histoire, l'archéologie et la géologie du département (4). Une crise

(1) Dupuy (Charles) (1851- 1923), élu député, en 1885, puis sénateur en 1900. Sa carrière politique, qui n'a pas encore fait l'objet d'une publication spéciale, est surtout remarquable pendant huit ans, de 1893 à 1900. (Cf. cependant *Bull. soc. Acad. du Puy*, 1924 et 1925.)

(2) Une relation de cette résistance a été rédigée par M. Malzieu, avocat, alors rédacteur en chef du journal l'*Avenir de la Haute-Loire*. (Brochure de 36 pages, Le Puy, 1905).

(3) Le maréchal Fayolle, à qui des notices biographiques, forcément incomplètes, ont été consacrées par M. de Romeuf dans son livre *Au pays de Lafayette*, et MM. Georges et Pierre Paul dans *Médailles du Velay et d'Auvergne*. (Cf. A. Jacotin. *Nomenclature des rues du Puy, Bulletin de la société académique du Puy*, 1924, p. 14).

(4) Ces travaux sont surtout concentrés dans les *Annales de la Société Aca-*

qu'elle subit en 1878, fit naître à côté d'elle une société concurrente dont les travaux n'ont pas été moins utiles et moins persévérants que les siens (1).

Le musée Crozatier du Puy date de 1822 ; il rivalise avec les meilleurs musées de province, et son installation actuelle est enviée par bien des villes plus importantes que la nôtre (2). Enfin, le chef-lieu et le département possèdent aujourd'hui tous les établissements scolaires que peut ambitionner une région rurale de moins de 300.000 âmes (3).

En 1813, un premier journal, *la Haute-Loire*, paraît au Puy et publie, à côté d'articles courants de controverse politique, des études d'ordre historique, artistique ou littéraire. D'autres journaux ont vu le jour depuis et ont parfois été rédigés avec talent et une belle hauteur de vues. Quelques périodiques, les

démique du Puy, que nous avons si souvent citées. Mais la société a publié à part d'autres travaux de longue haleine : les *Chroniques de Médicis*, les *Mémoires de Burel*, et les *Mémoires de Jacmon*, par A. Chassaing, les *Vieilles histoires de Notre-Dame du Puy*, par Ch. Rocher.

(1) Cette deuxième société est la *Société scientifique et agricole de la Haute-Loire*, qui a concentré ses travaux : 1º dans 16 volumes de *Mémoires*, puis 2º : dans un *Bulletin historique* trimestriel, à partir de 1911. Cette société a aussi publié à part presque toutes les *Baronnies du Velay*, de Truchard du Molin, la *Bibliographie de la Haute-Loire*, par L. Pascal (1900), et l'*Histoire de la Chaise-Dieu de dom Gardon*, par A. Jacotin.

Les deux sociétés, d'ailleurs, dans un mouvement de concorde, qui les honore, ont de nouveau réuni leurs efforts après la guerre et ne forment plus qu'un seul corps sous le nom ancien de *Société académique*.

(2) Pour le musée Crozatier du Puy, il est bon de voir, en dehors des catalogues spéciaux, la notice succincte, mais très claire que lui a consacrée M. Langlade dans son beau livre de vulgarisation artistique : *Les villes d'art célèbres, Le Puy et le Velay*, Paris, Laurent, 1921, pp. 96-98. (Cf. même ouvrage, planches 50 et 51).

(3) Le Puy possède un lycée de garçons, qui est le successeur de l'ancien collège des Jésuites, un lycée de jeunes filles, deux écoles normales, une école pratique de commerce et d'industrie, un séminaire et un pensionnat secondaire de jeunes gens. Brioude a un collège de garçons et une école primaire supérieure de jeunes filles, Craponne, une école primaire supérieure de garçons. Une ferme-école a été longtemps florissante à Nolhac, près de Saint-Paulien, et l'instruction primaire est donnée largement jusque dans les plus modeste hameaux, par les écoles de l'État, ainsi que par de nombreuses écoles privées.

Tablettes historiques du Velay (1) et *Velay-Revue* (2), ont même essayé de vulgariser l'histoire du pays, mais ont malheureusement disparu après quelques années d'existence.

Mais la poésie et les lettres françaises s'honorent, entre autres, des noms de Charles et d'Olivier Calemard de La Fayette (3), ainsi que de celui d'Aimé Giron (4) et de celui de

---

(1) *Les Tablettes du Velay*, souvent citées, étaient une publication annuelle d'érudition, consacrée surtout à la publication de documents historiques. Elles forment un recueil de 7 volumes in-8° (1871-1877).

(2) *Velay-Revue* était un périodique mensuel de vulgarisation, qui parut pendant quelques années, vers 1900.

(3) Calemard de la Fayette (Charles) (1815-1901), député, agriculteur, président de la Société académique du Puy, a rédigé une foule de rapports et même de propositions de loi. Mais il est surtout le poète de la vie champêtre, et c'est à ce titre surtout qu'on lui a élevé un monument au Puy, ainsi qu'à son petit-fils Olivier, le poète du *Rêve des Jours* et de la *Montée*. M. Pierre de Nolhac a présidé la cérémonie, le 20 juin 1912 (Voir le compte-rendu de la double inauguration dans le *Bulletin de la société scientifique et agricole*, 1912, pp. 97-137).

Voici les œuvres qui recommandent surtout aux lettrés le nom de Charles Calemard de La Fayette :

1. *La divine Comédie de Dante Alighieri*, traduite en vers français, avec le texte en regard, une préface et des notes du traducteur. *L'Enfer*. Paris, 1835-37, 2 vol. in-8° de 397 et 355 pages, 2e édition en 1841.

2. *Dante, Michel-Ange, Machiavel*, Paris, Didier, 1852.

3. *Le poème des Champs*, Le Puy, Marchessou, 1861, in-18 jésus, 252 pages. C'est cet ouvrage, vraiment original et d'une franche inspiration personnelle, qui est le plus beau titre de gloire du poète. Il fut, d'ailleurs, couronné par l'Académie française, et eut deux nouvelles éditions chez Hachette, en 1864 et en 1885.

4. *Attila*, tragédie en cinq actes et en vers. Le Puy, Marchessou, 1867 ; 2e édition chez Hachette en 1885.

5. *L'Adieu*, poésies diverses (*L'Adieu, la Divine Comédie*, fragments, *Attila*). Paris, Hachette, 1885.)

(4) Aimé Giron (1836-1907), poète, félibre et romancier, fut un écrivain des plus féconds, dont les œuvres sont malheureusement encore trop dispersées. Voici celles qui le recommandent, non seulement à l'attention des lettrés, mais au culte de ses compatriotes de la Haute-Loire.

1. *Les Amours étranges*, poèmes. Le Puy, Marchessou, 1863, in-12, 396 p.

2. *Les Cordes de Fer*, poèmes et poésies (1870-71), Paris, Lemerre, 1873.

3. *Le Velay. Fleurs des Montagnes*. Le Puy, Marchessou, 1868. (Choix de poésies françaises, patoises et latines, dont les auteurs appartiennent au Velay avec des notes.)

80 G. FABRE

Jules Vallès (1). Le nom d'Aymard (2) et surtout celui de
Barrande (3) honorent la paléontologie, et celui du docteur
Chantemesse (4), la science médicale. Les arts mécaniques ont

4. *La Béate*, roman, Paris, 1883 ; 2e éd. 1884 ; 3e éd. 1890 in-12, ix-204 p.
L'action se passe dans le Velay, qui est décrit avec amour.

5. *Le manoir de Meyrial*, Paris, 1881, in-12 de 314 p., roman dont l'action se
passe au Puy ou dans les environs.

6. *Trois jeunes filles* : Sancta Dolorosa, Sanctæ Sorores, Sancta Martyra,
Le Puy, Marchessou, 1863, in-18 de 486 p.

7. *Une lieue de dentelle*, Paris, Hachette, 1883.

Les œuvres dispersées dans les journaux félibréens et diverses revues sont,
dans leur ensemble, aussi importantes que celles que nous citons ; elles méri-
teraient d'être réunies. (Enumération, d'ailleurs incomplète, dans L. Pascal,
Bibliographie de la Haute-Loire, passim).

(1) Vallès (Jules) (1832-1885) est l'écrivain le plus puissant du Velay. Il a été
l'objet de nombreuses études, et un groupe de ses amis et admirateurs lui a
élevé un buste au Puy. Le compte-rendu de la cérémonie se trouve dans le
Bulletin de la société scientifique et agricole, 1923, pp. 329-33.

Les livres de Jules Vallès, qui forment une espèce d'auto-biographie de l'auteur, et qui resteront, comme de vrais chefs-d'œuvre de langue, sont les suivants :

1. *Les Réfractaires*. Paris, Faure, 1865 ; nouvelles éditions en 1866 et 1881.

2. *Jacques Vingtras. L'Enfant*. Paris, Charpentier, 1879 ; autre édition chez
Quentin en 1884.

3. *Jacques Vingtras. Le Bachelier*. Paris, Charpentier, 1881, 4 éditions.

4. *L'Insurgé*, Paris, 1882, dans la *Revue Nouvelle*. 1881, Charpentier, 4 éditions.

D'autres œuvres, dispersées dans les journaux et les revues, portent, comme
les livres précédents, l'empreinte d'une ironie amère et mordante : (Notices
dans L. Pascal, *Bibliographie de la Haute-Loire*, pp. 475, |490 et surtout 510-
512).

(2) Aymard (Auguste) (1808-1889) paléontologiste et archéologue, a publié de
nombreux travaux, très appréciés des spécialistes, qui malheureusement, n'ont
pas été réunis, et restent dispersés dans des revues diverses et surtout dans
les *Annales de la société académique* du Puy. Consulter L. Pascal. *Bibliographie de la Haute-Loire*, surtout aux pages 267 et 520. Mais Aymard a laissé,
en outre, une foule de travaux manuscrits qu'a recueillis la bibliothèque du Puy.

(3) Barrande (Joachym) (1799-1882), né à Saugues, fut un des plus éminents
géologues du xixe siècle. Comme il était secrétaire du comte de Chambord, il
partagea l'exil de ce prince et ses nombreux ouvrages concernent surtout la
géologie de la Bohème. Il en a fait don à la Bibliothèque du Puy, et leur énumération se trouve dans L. Pascal, *Bibliographie*, etc. pp. 277-78.

(4) Chantemesse (André) (1851-1919) est surtout connu pour avoir découvert le
sérum contre la fièvre typhoïde, sérum qui a rendu tant de services pendant la

trouvé un apôtre généreux dans Alexandre Clair (1), et Crozatier a été un sculpteur digne de Julien (2). La statue de *Notre-
Dame de France* par Bonassieux est à bon droit l'orgueil de
l'église d'Anis (3).

Dans l'ordre économique, il faut citer le développement du
réseau des routes ; celui des voies ferrées a été tardif et se
trouve contrarié par le relief capricieux d'un sol trop mouve-

dernière guerre. La Société académique du Puy a fait apposer, en juillet 1923,
sous la présidence de M. Strauss, ministre de l'hygiène, une plaque commémorative sur la maison où était né le docteur Chantemesse, au Puy, rue Panessac.
A cette occasion, la carrière et les travaux du défunt ont été exposés par le
ministre, qui avait été son ami, et par le docteur Martin, de l'Institut Pasteur.
(V. *Bulletin de la société académique*, 1923, pp. 322-43).

(1) Alexandre Clair (1832-1886), né aux Vastres (Haute-Loire) a été l'apôtre
actif de l'enseignement professionnel et fut membre, à Paris, du Conseil d'administration de l'école Diderot. Ingénieur-mécanicien, membre de la Société
des ingénieurs de France et de plusieurs sociétés savantes de Moscou, on peut
dire qu'il introduisit en Russie le goût et la pratique des études industrielles.
Il fit don au musée Crozatier du Puy d'une intéressante collection pour l'étude
de la mécanique, et la ville reconnaissante a donné le nom d'*Alexandre Clair* à
l'un de ses boulevards.

(2) Crozatier (Charles) (1795-1855), né au Puy, a fondu les statues en bronze
de *Bayard*, à Grenoble, de *Championnet*, à Valence, de *Napoléon* (Colonne
Vendôme), de *J.-J. Rousseau*, à Genève, de *Gutenberg*, à Mayence, etc., etc. Il
ne fut pas seulement fondeur, mais inventeur, et la liste de ses œuvres originales serait aussi longue que celle de ses reproductions. Par son testament, il
a fait don au Puy de 100.000 francs pour la construction du musée qui porte
son nom, de 200.000 francs pour l'érection de la fontaine monumentale de la
place du Breuil, et de 40.000 francs dont les revenus servent à entretenir un
élève du Puy à l'école des Beaux-Arts de Paris (Prix Crozatier). Le Puy, reconnaissant, a donné le nom de *Crozatier* à une de ses rues, et a élevé un modeste
monument à l'artiste le 24 mai 1913. Le compte-rendu de l'inauguration qu'a
présidée Ch. Dupuy se trouve dans le *Bulletin de la Société scientifique et
agricole de la Haute-Loire*, 1913, pp. 327-29.

(3) Sur cette statue, M. Jacques Langlade a un passage tout ému dans *Les
villes d'Art célèbres. Le Puy et le Velay*, pp. 99-100 (Cf. planche 44) : « L'œuvre
maîtresse de la foi vellave (au xixe siècle) fut la statue colossale du roc Cor-
neille, la Vierge hautaine et douce, et l'Enfant qui bénit. Le zèle de l'évêque
Mgr de Morlhon qui provoqua une souscription nationale, la faveur de Napoléon III, qui donna la fonte des canons russes pris à Sébastopol, le talent du
sculpteur forézien Bonassieux, expliquent et résument cette « Madone » inau-
gurée en 1860 ». Voir aussi la belle strophe que Mistral a consacrée à *Notre-
Dame de France* dans *Lis Oulivado*.

menté ; aussi Le Puy a-t-il perdu la situation qu'il a occupée
autrefois sur les grands chemins de la région du Centre.
L'agriculture, toujours prospère ici, adopte peu à peu toutes les
méthodes nouvelles de travail que ne lui interdit pas le régime
de la petite propriété et surtout le relief du sol. Enfin, l'industrie de la dentelle est l'objet d'une sollicitude toute particulière et éclairée qui la dirige vers les meilleures productions
artistiques et qui a récemment transporté au Puy des fabriques
mécaniques qui semblaient devoir être, avant la guerre, le
monopole de l'industrie allemande.

ERRATA

P. 25, note 2, avant-dernière ligne. — Au lieu de « Raimon de Roquefeuil », lire : « Bertrand de Roquefeuil »

P. 26, note. — Lire : « *alias* Bertrand de Roquefeuil ».

P. 40, lignes 17-18. — Au lieu de « Robert Knoles, qui avait envahi ses terres par la région de Saugues ». Lire : « Robert Knoles, qui avait envahi l'Auvergne par le Berry ».

TABLE DES MATIÈRES

INDEX DES NOMS HISTORIQUES

Pierre II, roi d'Aragon, 29.

Pline, 10.

Polignac (Armand-Scipion, etc.), 60.

Polignac (Hérode II, vicomte de), 18, 19, 32.

Polignac (les), II, 10, 12, 18.

Polignac (le vicomte Héracle Ier de), 14.

Polignac (les vicomtes de), 19.

Polignac (Pons, vicomte de), 18, 19.

Polignac (Pons IV, vicomte de), 19, 21.

Polignac (prince de), 76.

Polignac (vicomte de) XVIe siècle, 56.

Ptolémée, 3.

Raimon d'Aguilers, 14, 23.

Raimon de Saint-Gilles, 14, 15.

Raimon VI, comte de Toulouse, 21.

Raimon VII, comte de Toulouse, 35.

Randans, gouverneur de l'Auvergne, 56, 58, 59.

Raoul, roi de France, 11, 16.

René de Provence (Le roi), 44.

Richard-Cœur-de-Lion, 20, 27, 32.

Richelieu, 65, 67.

Robert Knoles, 40.

Rochebonne (de), sénéchal, 53.

Romeuf (Alexandre de), 76.

Romeuf (Louis de), 76.

Roncelin, vicomte de Marseille, 29.

Roqueplan de Lestrade, 76.

Saint-Hérem, gouverneur de l'Auvergne, 53, 54, 56.

Saint-Vidal, 53, 54, 55, 56, 57, 58, 59, 61.

Saladin, 32.

Sarcus (François de), évêque, II, 50.

Scutaire (saint), 4.

Solvain, peintre, 65.

Tancrède, 14.

Thierry Ier, 7.

Tite-Live, 2, 10.

Torcafol (Bertrand de Roquefeuil), 26.

Tranquillina, 3.

Tristan de Talhac, 56.

Troubadours (Les), 22 et suivantes

Urbain II, pape, 14.

Urfé [Honoré d'], 60.

Valla, 45.

Vallès (Jules), 80.

Vaneau, sculpteur, 67, 71.

Vaux (maréchal de), V, 72.

Vercingétorix, 3.

Vergasi-Velaunus, 3.

Victor IV, anti-pape, 17, 18.

Villars, 71.

Villon, 45.

Vissaguet (L.), I.

Vosy (saint), 4.

Waldeck-Boudinhon, 76.

INDEX BIBLIOGRAPHIQUE

Dans les groupes de chiffres (**7**. 1. 2. 3. 6.), le premier nombre indique la page et ceux qui suivent indiquent les notes.

Anglade (J.), **28**, **1**. 2.
Annales de la Société académique, **80**, 2.
Annales du Midi, **43**. 1 — **80**. 2.
Anonyme, **73**. 1.
Anselme (Père), **25**. 2 – **47**. 1.
Appel (C.), **25**. 1. 2 — **31**. 1.
Arnaud, **5** — **7**. 4 — **8**. 1. 2. 4 — **9**. 2. 3 — **10**. 3 — **11**. 1. 2 — **12**. 1 — **17**. 3 — **19**. 2 — **20**. 6 — **33**. 1 — **39**. 3 — **42**. 3. 4. — **43** — **44**. 2 – **45**. 2 — **46**. 3 — **52**. 2. 7 — **55**. 1 — **64**. 2 — **65**. 3 — **70**. 1.
Art de vérifier les dates, **40**. 2 — **41**. 1.
Avignon (Hugues d'), **66**. 3.
Aymard (Auguste), **41**. 2 — **80**. 2.

Baluze, **13** — **32**. 1.
Bardoux (A.), **73**. 1.
Barrande (Joachym), **80**. 3.
Bartsch (Karl), **31**. 1.
Baubet, **43**. 1.
Baudoin (Jean), **66**. 1.
Bédier (Joseph), **16**.

Bertoni (Giulio), **27**. 2 — **28**.
Béthune (Armand de), **67**. 3.
Bèze (Théodore de), **51**. 1.
Bohs (Wilhelm), **32**. 1.
Bouchet, **76**. 2.
Boudet (Marcellin), **13**.
Boudon (A.), **74**. 1 — **75**. 2. 3 — **76**. 2.
Boudon-Lashermes (A.), **24**. 3 — **34**. 4 — **59** – **61**. 1 – **62**. 2 — **75**. 3.
Bouillet, **13**.
Boule (Marcellin), **1**. 1. 2 – **2**. 2 — **6**. 2.
Boulée (A), **73**. 1.
Branche (Dominique), **40**. 1.
Branche (Jacques), **66**. 3.
Brunel, **20**. 3.
Bugnard (Léon), **76**. 2.
Bulletin de la Soc. Ac., **77**. 1 — **80**. 4.
Bulletin de la Société scientique, **81**. 2.
Burel, **53**. 1. 2. 3 — **54**. 1. 3. 4. 5 — **55**. 2. 4 — **56**. 1. 2. 3 — **57**. 2. 3. 4 — **58**. 1. 2 — **59**.

LE PUY-EN-VELAY

IMPRIMERIE " LA HAUTE-LOIRE "

ANCIENNE IMPRIMERIE PEYRILLER, ROUCHON ET GAMON,

23, boulevard Carnot, 23.

Église Saint-Julien de Brioude, xᵉ siècle. État actuel.

Église de l'abbaye bénédictine du Monastier, xᵉ siècle.

Cathédrale de Notre-Dame du Puy, XIe siècle. — État actuel

Cloître de Notre-Dame du Puy, XIe siècle

Sanctuaire de Saint Michel d'Aiguilhe. — Xe siècle (962).

Église abbatiale de La Chaise-Dieu. XVe siècle. — État actuel.

Clément IV, pape.

Polignac et les ruines du château du xᵉ siècle.

Donjon et ruines du château de Polignac.

Château de Bouzols, xiiie siècle

Château d'Arlempdes, xiiie et xvie siècles.

Château de Saint-Vidal. — xvie siècle.

Statue du Général La Fayette, au Puy.

Fontaine Crozatier, au Puy.

Musée Crozatier, au Puy.

Groupe de dentellières. Environs du Puy. Fin du xixe siècle.

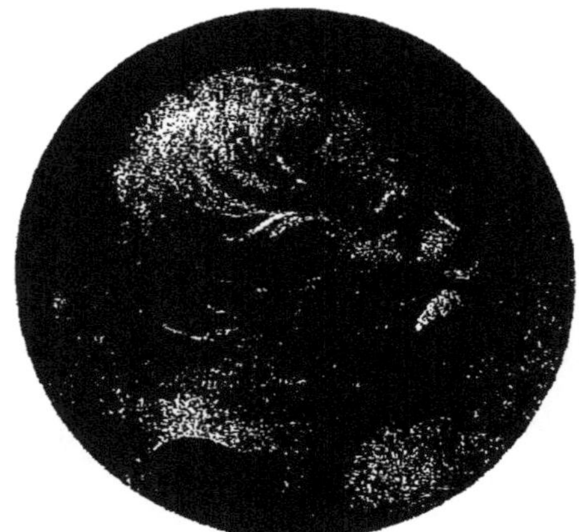

Charles Calemard de La Fayette.

Olivier Calemard de La Fayette.

Portrait de Charles Dupuy.

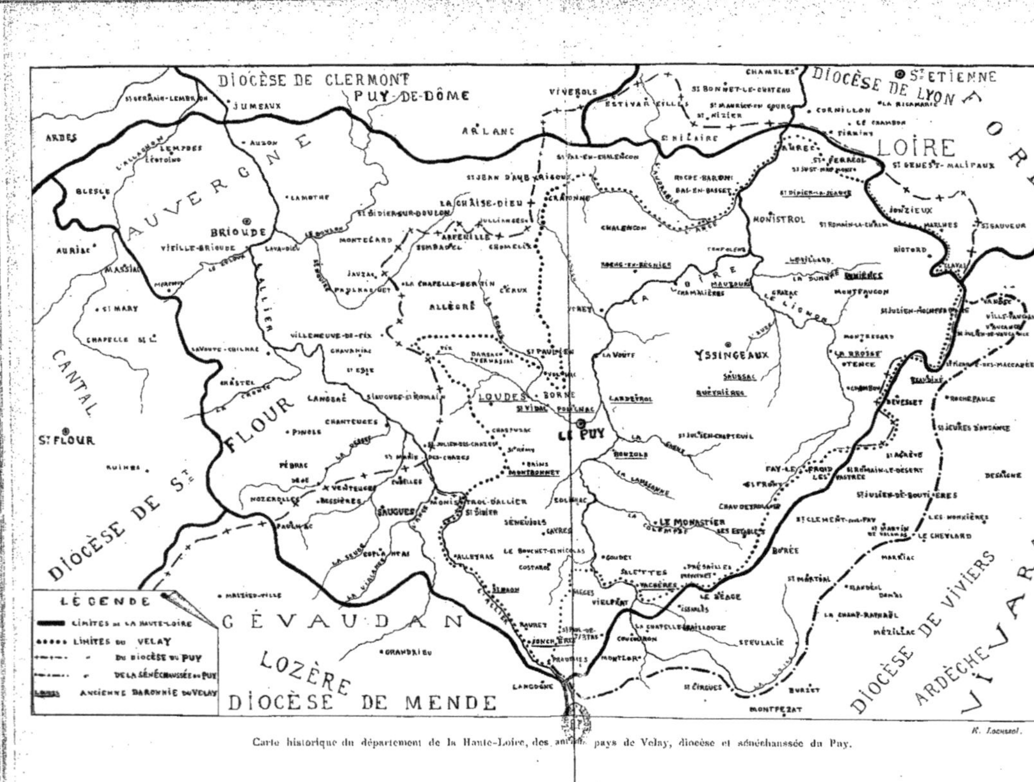

Carte historique du département de la Haute-Loire, des anciens pays de Velay, diocèse et sénéchaussée du Puy.